GYULA DÉCSY: SPRACHHERKUN

Bibliotheca Nostratica

Editor: Gyula Décsy

Volumen 2:1

Gyula Décsy

Sprachherkunftsforschung

Band I

Einleitung und Phonogenese/Paläophonetik

Otto Harrassowitz · Wiesbaden
1977

Gyula Décsy

Sprachherkunftsforschung

Band I

Einleitung und Phonogenese/Paläophonetik

Otto Harrassowitz · Wiesbaden

1977

Leenalle,

vaimolleni

ISBN 3-447-01861-5

Druckerei: J. Molnar, München

Printed in Germany

Inhalt

1. Einleitung 7
  1.1 Das chronologische Gerüst 9
  1.2 Das anatomische Instrumentarium 12
    1. Der Kehlkopf 13
    2. Der supralaryngale Vokaltrakt und das F-gestaltige Höhlen-
       system 16
    3. Die Zunge 17
    4. Das Ohr 18
    5. Das Gehirn 20
    6. Das Auge 25
  1.3 Die ökologische Szene 27
    1. Die Erde 27
    2. Geotektonik und Menschenwerdung 29
    3. Geographische Zonen der Menschenwerdung 31
    4. Mensch und Tier 34
    5. Mensch und Mensch: das soziale Gefüge und das Solitäre . 36
    6. Raum und Migration 37
  1.4 Grundbegriffe der Sprachherkunftsforschung 40

2. Phonogenese/Paläophonetik 43
  2.1 Der Laryngallaut als Urschall und Urlautkontinuum . . . 43
    1. Laryngaltheorie und Phonations-Entstehung 43
    2. Das vokalisch-konsonantische Urlautkontinuum der kehl-
       kopfwirbeltierischen Lautproduktion: *HE/EH* . . . 44
    3. Heutige differenziertere Realisationen des *HE/EH* . . 45
    4. Das *HE/EH* und seine primäre Variabilität 47
    5. Der phonologisch/phonetische Status des *HE/EH* . . . 51
  2.2 Tonspezifikum-Genese 54
    1. Vokale 56
    2. Konsonanten 64
  2.3 Lautsequenzgenese 74
  2.4 Lauteigenschaften 76

Nachwort 81
Literatur und Abkürzungen 83

1. Einleitung

Die Sprachherkunftsforschung (Language Origins Research) dürfte sich in absehbarer Zeit zu einer der wichtigsten Disziplinen der modernen Sprachwissenschaft entfalten; sie ist stark stoffbezogen und wurde trotz der beherrschenden Stellung des Formalismus in den U.S.A. während der letzten Jahrzehnte vorwiegend von amerikanischen Wissenschaftlern gefördert. Gordon Winant Hewes (geb. 1917), Professor der University of Colorado veröffentlichte unter dem Titel „Language Origins — A Bibliography" in zwei Bänden kürzlich eine vorzügliche Bibliographie (Hewes 1975), die beinahe 11 000 Titel enthält. Eine Präpublikation einige Jahre zuvor zeigte lediglich 2 600 Titel an (Hewes 1971). Die Aufschlüsselung der 11 000 Titel ergab eine ganze Reihe von Themenkreisen, von denen viele als Teil-, Nachbar- oder „Zuliefer"-Disziplinen der Sprachherkunftsforschung angesehen werden können: Animal Behavior in Relation to Communication, Human Communication with Animals, Brain in Relation to Language, Child Language, Study of the Deaf, Dingdong Theory, Evolution of Language, Gesture Theory, Iconicity, Biological Basis of Language, Music and Origins of Language, Sign Languages, Universals of Language usw. (Hewes 1957. 812 —890).

Ein beträchtlicher Teil der Titel ist in Hewes Buch der Gruppe der sog. mythischen Sprachherkunftstheorien zugeordnet (Divine Origin of Language, Adamic Theory and other Supernatural Theories, vgl. den Index Hewes 1975. 835—836). Eine ausgezeichnete Beschreibung solcher „Divinal"-Theorien bot schon zuvor das vierbändige Werk von Arno Borst „Der Turmbau von Babel" (Untertitel: Geschichte der Meinungen über Ursprung und Vielfalt der Sprachen und Völker. Stuttgart: Anton Hirsemann 1957—1963), das die die Sprache betreffenden Spekulationen in den Ursprungsmythen (Kosmogonien) verschiedener Völker und Kulturkreise (Inder, Griechen, Römer, Germanen, christliches Mittelalter) referiert und in globale geistesgeschichtliche Zusammenhänge stellt. Bei einer wissenschaftlichen Annäherung zum Thema müßten freilich mythologische Erklärungen außer Acht gelassen werden, es sei denn, sie enthalten historisch oder psychologisch auswertbare rationale Elemente (Sintflut, Thule, Herkunft der Europäer aus Sibirien), was man jedoch nur durch Detailforschung feststellen kann.

Wie schon aus dem Index in Hewes' Buch ersichtlich, zeichnet sich die Sprachherkunftsforschung durch eine komplexe Methode aus. Tragende Rolle spielt dabei die Entwicklungsgeschichte (Evolutionslehre): Sie betrachtet den Menschen als Endprodukt eines unermeßlich langen biologischen Entwicklungsprozesses, der durch ständige Vervollkommnung der Sprech- und Gehörorgane sowie des Nervensystems (Gehirns) während der letzten fünfhunderttausend Jahre die Humansprache erzeugte (zum Grundsätzlichen s. Remane 1973). Die Sprache ist demnach das Ergebnis einer Evolution und nicht eines plötzlichen Schöpfungsaktes, wie es die meisten „Divinal-Theorien" und mitunter auch rationelle Erklärungen voraussetzten. Neben der Evolutionstheorie sind hierbei vorzugsweise die Verhaltensforschung (der Tiere und des Menschen), Vergleichende Anatomie der Sprechorgane, Erdgeschichte, Klimageschichte sowie die Allgemeine und Vergleichende Sprachwissenschaft (Universalienforschung, Phonetik, Zeichenlehre) von fundamentaler Bedeutung. Da diese Disziplinen erst in den vergangenen Jahrzehnten ausschlaggebende Ergebnisse erzielt haben, kann nicht überraschen, daß die frühere Literatur über die Herkunft der Humansprache bei einer modernen Bearbeitung unseres Themas wenig Substanz bietet. Sie enthält vorwiegend individuelle Theorien, eher Erfindungen und Einfälle als Entdeckungen, wissenschaftlich Auswertbarem können wir darin kaum mehr begegnen als in den „Divinal-Erklärungen" der Ursprungsmythen. Ausnahmen bilden hier höchstens die größten Vertreter der europäischen Geistesgeschichte (so z. B. Platon mit seiner Erkenntnis der zwei grundverschiedenen Verhältnisse zwischen Begriff und Bezeichnung: *physei* und *thesei*, vgl. 3). So ist es wenig verwunderlich, daß im Lande der rationalen Denkweise, nämlich in Frankreich, im Jahre 1866 die Leiter der Société Linguistique de Paris gegen Untersuchungen über die Herkunft der Humansprache ein Verbot ausgesprochen haben, das heute als die „Pariser Prohibition" bekannt ist; danach sei die wissenschaftliche Beschäftigung mit dem Ursprung der menschlichen Sprache sinnlos und daher zu unterlassen. An die Pariser Prohibition hielten sich jedoch allenfalls die Mitglieder der Société Linguistique de Paris, da die einzige Sanktion, die im Zusammenhang mit ihr in Frage kam, in der Nichtzulassung von Vorträgen in der genannten Gesellschaft bestand. Im deutschsprachigen Raum wurde das Pariser Verbot entweder nicht bekannt oder es blieb dort unbefolgt. In Deutschland, Österreich und der Schweiz entstanden dann auch die meisten Beiträge zum Ursprung der Sprache während der vergangenen hundert Jahre.

Eine moderne Sprachherkunftsforschung kann angesichts der dargestellten Lage keineswegs nur auf dem Referieren der bisherigen Literatur (Hewes 1975) beruhen. Sie stellt sich methodisch vielmehr aus den Ergebnissen der Vergleichenden Anatomie (Tier/Mensch), der Verhaltensforschung, der Gruppenpsychologie und der modernen Allgemeinen Linguistik zusammen, was in neueren Publikationen zum Thema wiederholt betont wurde (Rosenkranz 1961, Schwidetzky 1973). Neue Impulse gaben der Sprachherkunftsforschung die Ergebnisse des Amerikaners Philip Lieberman und seiner Arbeitsgruppe, die kürzlich auch in einer zusammenfassenden Darstellung vorgelegt wurden (Lieberman 1975), sowie eine mehr als 900 Seiten umfassende Publikation der „New York Academy of Sciences" (Harnad 1976), die die Materialien einer zwischen dem 22. und 25. September 1976 veranstalteten Tagung mit beinahe 100 sehr aufschlußreichen Beiträgen enthält.

1.1 *Das chronologische Gerüst.* — Die Zeit ist in unermeßlicher Ausdehnung unfaßbar. Ob man den Beginn des Lebens auf der Erde auf drei oder auf zehn Milliarden Jahre vor unserer Zeit setzt, ist für unser Thema nicht von Belang. Eine Gruppe der Primaten ist vor ca. 15 Millionen Jahren (15×10^6) hominid/hominoid geworden (Terminologie: Schwidetzky 1974. 19), und eine Gruppe der Hominiden nach einem „Tier-Mensch-Übergangsfeld" spätestens um 500 000 zum Menschen. Wir verstoßen wahrscheinlich gegen keine Thesen der beteiligten Wissenschaftszweige, wenn wir das Alter des Menschen mit einer halben Million Jahre angeben. Der in der vergleichenden Anthropologie beliebte Terminus „Tier-Mensch-Übergangsfeld" zeigt ein entwicklungsgeschichtliches Stadium an, das in gewissen Zügen bis heute nicht abgeschlossen wurde. Im Hinblick auf das Tierische im Menschen hielt man es daher für möglich, eine „Zoologie des Menschen" zu erwägen (Illies 1972), zugleich aber mit Blick auf das vorprogrammiert Menschliche in den Vorstufen unserer Stammeslinie über eine „Anthropologie des Tieres" (Illies 1973) zu sprechen, also Aphorismen zu verwenden, die das teilweise bis heute bestehende „Tier-Mensch-Übergangsfeld" treffend charakterisieren. Die Sprechfähigkeit durch den Stimm-Hör-Kanal, der für die Landsäugetiere (geschätztes Alter einhundertfünfzig Millionen Jahre) als funktionsfähig vorausgesetzt wird, ist im potentiellen Gehirn als Verdickung des Nervengeflechtes schon bei den Reptilien (Alter ca. 350 Millionen Jahre) im Rudiment vorhanden. Freilich muß das „Tier-Mensch-Übergangsfeld" im Hinblick auf die Sprechfähigkeit besonders lange gedauert haben. Anders gesagt: Der Intellekt war schon lange Zeit humanmäßig, die Stimm-Hör-Kanal-Sprechfähigkeit dagegen noch tierisch primitiv: nicht human sondern lediglich humanoid. Wir gehen daher kaum fehl in der Annahme, wenn wir behaupten, daß sich das in der Tat wichtige und einmalige Instrumentarium des humanen Stimm-Hör-Kanals mit einem funktionsfähigen Rückkoppelungssystem an das entsprechend entwickelte „Sprachzentrum" im Großhirn (1.2.5) nicht früher als etwa vor einhunderttausend Jahren herausgebildet hat. Diese bedeuteten jedoch noch keineswegs eine vollendete Sprechfähigkeit, sondern lediglich die anatomischen Voraussetzungen dazu. Wir müssen dabei davon ausgehen, daß die Erzeugung eines unartikulierten Lautes im Rachengebiet (Kehlkopf bei Säugern, Syrinx bei den Vögeln), seine mechanische Wahrnehmung durch das Gehör und reflexiv-unkreative Speicherung im Nervengeflecht (Gehirn) noch nicht als Sprache angesehen werden können (vgl. 1.4 weiter unten). Derartige Vorgänge sind bei den Landsäugetieren überall feststellbar, und entsprechende Fähigkeiten können nicht nur für die Theriodontia (Vorstufe der Wirbeltiere, 240 Millionen Jahre), sondern auch für die Reptilien (Alter: in der Vorstufe Panzerfisch ca. 350 Millionen Jahre) vorausgesetzt werden. Mit dem in den letzten Jahrzehnten modisch gewordenen Ausdruck „Die Sprache der Tiere" muß man also vorsichtig umgehen: Wenn wir die reflexiven Kommunikationsvorgänge der Säuger aufgrund des Stimm-

Hör-Kanals, die Stimmproduktion der Singvögel (60 Millionen Jahre) oder
sogar die Kommunikationsreflexe der Reptilien (350 Millionen Jahre) als
Sprache ansehen, dann ist die „Sprache" mehrere hundert Millionen Jahre alt.
Dies ist aber natürlich nur eine unkreative und unartikulierte Zoo-Kommuni-
kation. Die Humansprache beginnt dagegen erst mit der Artikulation, mit
dem Augenblick, bei dem neben dem Kehlkopf auch Zunge, Rachenraum,
Nasen- und Mundhöhle (supralaryngaler Vokaltrakt 1.2.2) an der Bildung
der Laute teilnehmen, und das Gehirn im Sprachzentrum durch die Kreativität (Voraussetzung: Erinnerungsvermögen und sensorische Speicherungsfähig-
keit) die mentalen (intellektuellen) Voraussetzungen dafür schafft. Am Sprechen ist nicht die Stimmproduktion (Lautbildung) und Apperzeption
human — diese Fähigkeit besitzen auch die Säugetiere —, sondern die besondere menschliche Artikulation und die Konzentration dieser Fähigkeiten
im Gehirn. Das gemeinsame Auftreten dieser Fähigkeits-Merkmale bei dem
Menschen nennen wir „Human-Syndrom". Von den drei klassischen Merkmalen, die den Menschen vom Tier unterscheiden (Aufrechter Gang, Einsichtiges Handeln, Sprache), ist die Sprache gewiß am spätesten entstanden.
Es genügt in diesem Zusammenhang darauf hinzuweisen, daß die anatomischen Veränderungen in der Lage des Kehlkopfes und der Mundhöhle, die zu
einem artikulierten Sprechen führten, wahrscheinlich die Folgen des Aufrechten Ganges sind (1.3.1). Hat sich der Mensch den Aufrechten Gang —
wie allgemein angenommen — vor fünfhunderttausend Jahren angeeignet,
benötigte er für die anatomischen Umgestaltungen im Kehlkopf- und Mund-
bereich, die ein artikuliertes Sprechen ermöglichen, nach Schätzungen zumindest vierhunderttausend weitere Jahre. Aufgrund dieser Überlegungen
können wir das chronologische Gerüst der Sprachentstehung in Anlehnung
an Bussenius als Arbeitshypothese folgendermaßen aufstellen (Bussenius
1950. 316, 159 und 166):

500 000 Jahre v. Chr.	Aufrechter Gang Einsichtiges Handeln
100 000 Jahre	Human-Syndrom der Sprechfähigkeit Urlautsymbolik, Tonspezifikum-Ansätze
80 000 Jahre	Einführung der Einlaut-Zeichen; Beginn der Abstraktionsfähigkeit
60 000 Jahre	Zeitbegriff, Metapher-Bildung
40 000 Jahre	Beschleunigung der Entwicklung mentaler Fähigkei- ten (Jungpaläolithiker-Syndrom!); Festigung des phonologischen Zeichenvorrats. Lautsequenz mit suk- zessivem und dann mit simultanem Kontrast (Jakob- son 1942.56).

30 000 Jahre	„Urbabel": Aufgrund *identischer* anatomischer Dispositionen entstehen Menschengruppen mit *unterschiedlichen* Lautsequenzen (Silben)
20 000 Jahre	Beginn der Ausbildung der gegenwärtigen Sprachfamilien wie Indogermanisch, Uralisch, Semitisch usw.
10 000 Jahre	Bestand einer großen Anzahl von Sprachfamilien sowie Sprachgruppen, Spaltungs- und Integrationsvorgänge
6 000 Jahre	Als Migrationsfolgen Vollendung der Differenzierung der heute bekannten großen Sprachfamilien
4 000 Jahre v. Chr.	Das Sprachgeschehen ist mit der Methode der Vergleichenden Sprachvergleichung (Protolinguistik, vgl. Wescott Hernad 1976.104) in gewissen Fällen (Indogermanisch, Uralisch, Semitisch, Chinesisch usw.) gut erschließbar

Es sei betont, daß es sich hier um eine Hypothese handelt, die Zeitangaben in (Zehn)jahrtausenden dienen lediglich als Orientierungshilfe. Derartige absolute Chronologien haben den in der Erdgeschichte üblichen relativen Zeitangaben gegenüber wie Pleistozän, Holozän, Eiszeit, Altsteinzeit, Jungsteinzeit usw. viele Vorteile. Letztere bieten nämlich keine konkreten chronologischen Anhaltspunkte, da ihre Epochen an verschiedenen Teilen unserer Erde unterschiedliche Zeitspannen umfassen. So besagt ein Buchtitel wie „Sprache der Eiszeit" (Fester 1962) chronologisch eigentlich nichts, da allein die (Quartär-)Eiszeit mit den interglazialen Unterbrechungen in Europa neunhundertneunzigtausend Jahre gedauert haben soll: abgesehen von den letzten 10 bis 12 tausend Jahren spielt sich also die ganze Vorgeschichte der Menschheit in der „Eiszeit" ab.

Ähnlich unzweckmäßig ist es, die Entwicklungsepochen der Humansprache nach den verschiedenen Homo-erectus-Gruppen ausrichten zu wollen, von denen die wichtigsten unter den folgenden Bezeichnungen bekannt sind:

Pro(to)archanthropinen	bis um 500 000 Jahre
Archanthropinen	um 200 000 Jahre
Paläanthropinen oder Neandertaler	um 150 000 Jahre
Neanthropinen oder Cro-Magnon (Jungpaläolithiker)	um 70 000 Jahre

Die Zeitangaben besagen hier nur soviel, daß die vier Typen um die genannten Epochen im Blickfeld der Anthropologen und Archäologen als die
herrschende menschliche Art erscheinen; sicher ist auf jeden Fall, daß die Vorfahren der Neanthropinen auch schon in den den Archanthropinen oder den
Neandertalern zugeschriebenen Epochen existieren mußten. Die obigen Typen
waren ohnehin anthropologisch nahe verwandt, so daß zwischen ihnen durch
Kreuzung Gene ausgetauscht werden konnten. Ihre schroffe Gegenüberstellung in Entwicklungsstufen oder Zeitabfolgen ist daher kaum vertretbar. Das
Human-Syndrom erscheint allerdings als Eigenart der Neanthropinen zwischen 100 000 und 80 000 — sie wurden vielleicht eben durch diese Fähigkeit
dem sog. Neandertaler überlegen. Die Untersuchungen von Philip Lieberman beweisen, daß der Neandertaler keine artikulierten Laute erzeugen
konnte (Lieberman 1972.67; 1975.142); auf jeden Fall war er nicht fähig
a, i, u zu sprechen, von den Konsonanten konnte er wahrscheinlich nur *b/p*
und *d/t* artikulieren (Lieberman 1972.91 und 92; 1975.142). Ähnliches
dürfte auch für die Archanthropinen gegolten haben. Alles spricht also dafür,
daß die Sprechfähigkeit des Menschen im Sinne einer Humansprache nicht
für die vor 100 000 Jahren liegende Zeit gesetzt werden kann. Im Hinblick
auf den Aufrechten Gang und das Einsichtige Handeln ist der homo vielleicht
schon vor dreihundert- oder vierhunderttausend Jahren „Mensch" geworden.
Eine echte Humansprache begann er jedoch erst wesentlich später zu entwickeln: Mit seiner Stimm-Hör-Kommunikation ist er aber länger im Bereich
des Tier-Mensch-Übergangsfeldes geblieben als in anderen Merkmalgruppen
(wie Aufrechter Gang oder Einsichtiges Handeln). Der Sprache nach ist der
homo erst während der letzten einhunderttausend Jahre Mensch geworden.

1.2. *Das anatomische Instrumentarium.* — Die speziell menschlichen Züge
der Stimm-Hör-Kanal-Kommunikation sind den Anatomen seit langem
bekannt; sie sind durch vergleichende Untersuchungen zwischen den entsprechenden menschlichen und tierischen Organen ermittelt worden. Leider sind
sie aber bis heute nicht allgemein verbreiteter Wissenstoff weder in linguistischen Fachkreisen noch bei der interessierten Öffentlichkeit geworden. Es geht
hierbei in erster Linie um die stammesgeschichtlichen Umgestaltungen oder
Neuerwerbungen bei den folgenden Organen: Kehlkopf, Zunge und Mundhöhle, Ohr und „Sprachzentrum" im Gehirn. Das sind die Körperteile (Organe), die bei der Stimm-Hör-Kanal-Kommunikation eine ausschlaggebende
Rolle spielen; sie sind zwar auch bei den Säugetieren — vielleicht bis auf das
Gehirn — voll- oder weit entwickelt vorhanden, eine echte Sprechtätigkeit
ermöglichen sie jedoch nur bei dem Menschen. Die besondere Beschaffenheit
(Lage, Größe, Bewegungsfähigkeit, Schaltkreisstruktur) dieser Organe macht
leztlich das eigentlich Humane bei dem Menschen aus. Es sei schon vorweg
auf den wichtigen Fakt hingewiesen, daß die genannten Organe bei dem Neugeborenen mehr den tierischen Strukturen als denen der erwachsenen Menschen ähneln. Das Kind erwirbt den echten (erwachsenen) Humancharakter

der Sprechorgane erst, nachdem es sich den Aufrechten Gang angeeignet hat.
Die Lautprodukte des Kleinkindes (Lallen, Weinen, Lachen, Niesen, Husten,
Atemgeräusche) sind der Phonation nach mit den undifferenzierten Stimm-
signalen der Tiere (Primaten) identisch (vgl. 2.3). Die Sprechorgane des Kindes machen demnach in beschleunigtem Tempo in wenigen Jahren jene Entwicklung durch, die Voraussetzungen für die Sprechfähigkeit des Menschen
vermutlich zwischen 500 000 und 100 000 Jahren — also nach einem vierhunderttausend Jahre währenden Prozeß — schuf. Wichtig ist vorweg auch
darauf hinzuweisen, daß die Stimm-Hör-Kanal-Organe des Menschen ihre
Funktionsfähigkeit nicht immer einer besonderen anatomischen Entwicklung,
sondern eher einer Zurückentwicklung (Verlustmutation) verdanken, so z. B.
das menschliche Ohr, das sich erst durch den Abbau einer überspitzten Wahrnehmungsfähigkeit oder Empfindlichkeit (vgl. die bei gewissen Tieren, wie
Hunde, Ratten, s. 1.2.4), in das Ensemble der Humankommunikation ein-
fügte.

1.2.1 *Kehlkopf.* — Anatomisch bestehen nur geringfügige Unterschiede
zwischen dem Kehlkopf des erwachsenen Menschen einerseits und dem des
Neugeborenen sowie der Nonhumanprimaten andererseits. Kurt Goerttler
(geb. 1898) versuchte noch in den 50er Jahren nachzuweisen, „daß die Anlage
und die Art der Ausbildung des menschlichen Stimmbandes Besonderheiten
aufweist, welche keinem der . . . Säugetiere zukommen" (Goerttler 1954.31).
Seine etwas komplizierten Erklärungen über das „Stimmbandblastem" als
spezifisch menschliches Organisationsmerkmal, aus dem sich der mebranöse
Teil der Stimmfalten mit den Stimmbändern entwickelte, sowie eine typisch
menschliche Anordnung der Muskelfasern in den Stimmbändern, blieben jedoch in der Anatomie bestritten (Wind 1970.29). Als Humanzug gilt dagegen
die besondere Topographie des Kehlkopfes, die sich bei dem erwachsenen
Menschen völlig anders dartut als bei dem Neugeborenen und den Nonhumanprimaten: „Beim Durchschnittserwachsenen liegt der Unterrand des
Ringknorpels ungefähr in Höhe des 6. oder 7. Halswirbels. Der Abstand
zwischen Kehldeckel [Larynx] und Gaumen [Pharynx] ist also beträchtlich,
um so beträchtlicher, als der Gaumen wegen der Verkleinerung des Kau-
apparates im Vergleich mit den Affen kurz ist. Die Achse des Luftweges ver-
läuft am Eingang des Kehlkopfes schräg von unten und etwas vorn nach oben
und etwas nach hinten. Der Kehlkopf springt mit dem Kehldeckel und den
beiden Schleimhautfalten zwischen Kehldeckel und Stellknorpeln, die den
Kehlkopfeingang seitlich begrenzen, in den Rachenraum vor. Diese Falten,
die plicae aryepiglotticae, sind im Vergleich mit anderen Säugetieren ziemlich
schwach entwickelt. Beim erwachsenen Menschen arbeiten daher die seitlichen
Schlundrinnen nur sehr wenig, so daß die Nahrung mehr über den Kehldeckel
hinweg als seitlich an ihm entlang geht. Das Kehlkopf-Skelett besteht im
wesentlichen aus den gleichen Elementen wie bei den anderen Säugern: Stellknorpeln, Ringknorpel, Schildknorpel, Kehldeckel und den kleinen Wrisberg-

und Santorini-Knorpeln. Die Morphologie des Skeletts ähnelt der des Schimpansen; die Kapazität des Luftweges scheint etwas kleiner, die Ausdehnung
der Stellknorpel in dorsoventaler Richtung hingegen etwas größer zu sein.
Die Weichteile einschließlich des Muskelsystems sind ebenfalls denen des
Schimpansen ähnlich. Wiederum finden sich die beiden Thyreoarytenoid-
Falten, von denen die untere nach oben und die obere nach unten gerichtet
ist; sie werden auch als falsche und echte Stimmbänder bezeichnet; die ersten
zeigen allerdings im Querschnitt eine mehr dreieckige Form. Zwischen den
beiden Falten liegt ein ganz kleiner Hohlraum (Ventrikel). Der Raum zwischen den echten Stimmbändern stellt die engste Stelle des Luftweges dar. Er
hat die Form eines Dreiecks, dessen Spitze bei maximal geöffnetem Kehlkopf
einen Winkel von 30 Grad bildet. Obgleich sich der menschliche Kehlkopf,
abgesehen von den Luftsäcken, nur wenig von denen des Schimpansen und
der anderen Menschenaffen unterscheidet, ist deutlich erkennbar, daß er in
bezug auf die Funktion ein höheres Niveau erreicht: Die Muskelkontrolle und
die sich daraus ergebende Stimmgebung scheinen besser entwickelt als bei
irgendeinem anderen Tier. Diese Charakteristik des menschlichen Kehlkopfes
mag eine Rolle bei der Sprache spielen und sich morphologisch in der großen
Anzahl und der speziellen Anordnung der Mitochondrien (Zellorganellen) im
inneren Teil des Stimmbandmuskels ausdrücken." (Wind 1970.27—29)

Um die Wichtigkeit der topographischen Lage des Kehlkopfs besser zu verstehen, zitieren wir aus einer populär-wissenschaftlichen Darstellung die
allgemein verständlichen Formulierungen von Adolf Portmann (geb. 1897),
der das besonders Menschliche darin schon vor Jahrzehnten erkannt hat: Für
die Sprachentwicklung ist „die Ausformung des Kehlkopfgebietes von ent-
scheidender Bedeutung ... Für den gewöhnlichen Säuger, und das gilt auch
für den menschlichen Säugling, ist der Kehldeckel am Ende an die Gaumenpartie angeschlossen. Es kann hier ein dichter Verschluß stattfinden, und das
Ergebnis ist dann, daß der Nahrungsweg, in diesem Fall oberhalb der Zunge
und um den Kehldeckel herum in die Speiseröhre, vollkommen abgesondert
wird vom Weg der Atemluft. Diese Absonderung erlaubt es auch unserem
menschlichen Säugling, an der Brust zu trinken, ohne daß er deswegen in
seiner Atmung gestört wird. Er kann sich bei dieser Gelegenheit auch nicht
etwa verschlucken, wie das uns bei Trinken und Essen passieren kann. Ganz
anders nun beim Erwachsenen: Beim erwachsenen Menschen ist die hintere
Gaumenpartie abgesetzt gegenüber dem Kehldeckel. Es entsteht dadurch ein
Raum, in dem sich der Atemweg und der Nahrungsweg überkreuzen. Dies ist
das Gebiet, das für das Verschlucken so entscheidend ist. Für die Entstehung
der Sprache ist es nun aber positiv von größter Wichtigkeit. Die Mannig-
faltigkeit des Sprechens rührt vor allem daher, daß der Raum der Mundhöhle und der Raum der Nasenhöhle gemeinsam die Bildung der Stimme,
speziell die Bildung der Vokale entscheidend mitgestalten können. Beim Tier
ist das ausgeschlossen. Die Entfaltung einer reicheren Sprechfähigkeit ist also
ganz eindeutig an das Vorhandensein dieser merkwürdigen — in anderer

Hinsicht wieder unvorteilhaften — Überkreuzung gebunden. Und diese Überkreuzung entsteht bei uns erst nach unserer Geburt. Wir sprachen ja eben darüber, daß beim Säugling die alte Bedingung der ursprünglichen Säuger noch weiter besteht. Im ersten Lebensjahr beginnt dann das Heruntersteigen des Kehlkopfes, beginnt die Entstehung dieses für das Sprechen so entscheidenden Raumes, und in der Tat beginnt ja auch die eigentliche Sprachentwicklung erst in den frühen Monaten und die eigentliche Wortbildung erst gegen Ende des ersten Lebensjahres. Wir dürfen also annehmen, daß mit dem Ende dieses Erstjahres die wesentlichen Bedingungen für die Sprachfähigkeit erreicht sind, obwohl der Abstieg des Kehlkopfes in den nächsten Jahren bis zur vollendeten Geschlechtsreife noch etwas weitergeht." (Illies 1970.67—70)

Eine gründliche Untersuchung der Schädelmaße bei dem Neandertaler durch amerikanische Wissenschaftler hat die Theorie über den Abstieg des Kehlkopfes beim Menschen als die Voraussetzung der humanen Lautproduktion voll bestätigt (Lieberman 1972.101 ff). Stammesgeschichtlich könnte dieses Absinken auf die Zeit zwischen 100 000 und 80 000 gesetzt werden; es kann in gewissem Sinne als eine späte Folge des Aufrechten Ganges angesehen werden — ähnlich wie vielleicht weitere Veränderungen in der Anordnung der Sprechorgane, die die Entstehung der Phonation begünstigten (vgl. 1.3.1 weiter unten). Diese mögliche kausale Rolle des Aufrechten Ganges bei der Entstehung der Humansprache ist in der bisherigen Forschung m. W. nicht berücksichtigt worden. Die Ansicht, daß die weniger entwickelte Organisation des Kehlsacks und der Keilknorpel (stark entwickelt z. B. bei den Lemuren) beim Menschen eine Verlustmutation darstelle (so Rosenkranz 1971. 126), erscheint unbegründet. Vielmehr dürfte sich hier eine anatomische Innovation der Orang-Utans entwickelt haben. Ein großer Luftsack, starke Keilknorpel und kräftige Taschenbänder als Lautproduktionsorgane sind für das Tier und nicht für den Menschen typisch (vgl. auch Lieberman 1975.101). Kehlkopf (Larynx) ist bekanntlich nur bei Wirbeltieren zu finden (auch z. B. bei Fröschen, Kröten, Eidechsen), vorzugsweise aber nur bei den Säugern. Die Vögel z. B. besitzen keinen Kehlkopf, bei ihnen hat sich anstatt der Larynx die sog. Syrinx entwickelt, die als Stimmwerkzeug — ganz anders als bei den Säugern — durch eine überdimensionierte Erweiterung des Luftsacks entstand. Die Syrinx der Vögel befindet sich im Bereich der Luftröhrengabelung. Die eindrucksvolle Stimme — oft zu Recht Gesang genannt — entsteht bei ihnen innerhalb des Luftsacks, der die Syrinx als eine Resonatorvorrichtung umfaßt. Die von Stimmuskeln gespannten dünnen Membranen und elastische Polster der Syrinx bilden beim Ausatmen schwingende Doppelzungen, an denen der Ton nach ähnlichem Prinzip erzeugt wird wie an der Zungenpfeife. Die Luftröhre ist dabei als Ansatzvorrichtung oft stark verlängert. Da der Kehlkopf des Menschen als Stimmwerkzeug völlig anders aufgebaut ist, dürfte eine verstärkte Inanspruchnahme der Luftsäcke in der Humanlinie stammesgeschichtlich als ausgeschlossen gelten. Auch die These, daß die Schwingungen der humanen Stimmlippen nicht durch den Luftdruck,

sondern durch „wechselnde Innervation seitens des Nervus recurrens ver-
anlaßt werden" (Rosenkranz 1971.127) — was im Prinzip eine ähnliche
Direktübertragung bedeuten würde wie der bisher als undurchführbar er-
wiesene kupplungsfreie Radantrieb im Automobilbau — fand bisher keine
Anerkennung. Diese von Kurt Goerttler (geb. 1898) und Raoul Husson vor-
gelegten Thesen werden, soweit ersichtlich, auch in der Nervenmedizin zurück-
haltend beurteilt (vgl. hierzu Schwidetzky 1973.29 und 262).

1.2.2 *Der supralaryngale Vokaltrakt und das F-gestaltige Höhlensystem.*
— Der Ausdruck „supralaryngaler Vokaltrakt" wird in den Arbeiten von
Philip Lieberman seit den 60er Jahren verwendet (vgl. zuletzt 1975.103
—120), ohne klar definiert zu sein. Teilweise werden darunter alle Teile des
Sprechapparates verstanden, die sich oberhalb der Larynx befinden, teilweise
aber nur die Höhlenräume (Pharynx-Larynx-Höhle, Mundhöhle, Nasenhöhle). Es ist zweckmäßig, diesen Ausdruck nur für die Bezeichnung des
Höhlensystems zwischen Larynx und Mund- bzw. Nasenöffnung zu ver-
wenden. Schon 1889 ist erkannt (Portmann 1971.162), jedoch erst mit dem
Buch von V. E. Negus „The Comparative Anatomy and Physiology of the
Larynx" (Negus 1949) eine unanzweifelbare anatomische Tatsache geworden, daß die stark ausgebildete Höhle zwischen Larynx und Gaumen (im
weiteren Larynx-Pharynx-Höhle, abgekürzt L-P-Höhle) einen typischen Zug
der humanen Erwachsenen darstellt (s. auch 1.2.1, Zitate von Portmann und
Wind). Erst im nachhinein gelangte man zur Erkenntnis, daß dieser P-L-
Höhle als Resonanzvorrichtung speziesspezifisch eine ausschlaggebende Bedeutung bei der humanen Lauterzeugung zukommt (s. 1.2.1, Lieberman
passim). Eine artikulierte Sprache bei den Tieren — voran die hochentwickelten nonhumanen Primaten — sowie bei den humanen Neugeborenen ist abgesehen von den mentalen Unvollkommenheiten eben deswegen *nicht* möglich, weil sie keine P-L-Höhle besitzen, weil Pharynx und Larynx bei ihnen
ohne trennenden Raum dicht aneinander liegen (1.2.1, Lieberman 1975.110).
Anatomisch ist ein Hohlraum stets etwas Negatives, den man zwar be-
schreibt, dessen Funktion man aber ohne besonderen Anlaß nicht untersucht.
So ist die außerordentlich wichtige Rolle der P-L-Höhle bei der Humansprache bis Ende der 60er Jahre weder den Anatomen noch den Phonetikern
aufgefallen (Portmann 1971.162). Dies verwundert um so mehr, als Mund-
und Nasenhöhle als Resonanzvorrichtungen bei der humanen Artikulation
wissenschaftlich sehr früh erkannt und beschrieben wurden. Im übrigen sind
alle stofflichen Teile des Stimmapparates des humanen Erwachsenen auch
bei den ranghöheren Wirbeltieren und bei dem humanen Neugeborenen vorhanden, jedoch als Folge der fehlenden L-P-Höhle in einer Anordnung, die
eine Artikulation nicht ermöglichen können. Nicht die Sprechorgane sind also
human, sondern ihr Entwicklungsstand und ihr anatomisch-topographisches
Verhältnis zueinander. Die neueste Erkenntnis bezüglich des supralaryngalen
Vokaltraktes wurde in einer kürzlich erschienenen Publikation von Philip

Lieberman vorgelegt: Er spricht über den „bent two tube supralaryngeal vocal tract" (Lieberman 1975.159, 160), den wir hier als „gebogenes Höhlensystem" übersetzen. Das bedeutet, daß bei dem sprachfähigen Humanwesen die Höhlen zwischen Larynx und Mund bzw. Nasenöffnung in einer F-Form angeordnet sind. Wie schon oben dargelegt (1.2.1), ist dieses vertikal-horizontal ausgerichtete umfassende Höhlensystem ein speziell menschlicher Zug, kein angeborenes, sondern ein während der Kindzeit erworbenes anatomisches Merkmal: „Beim Menschen verlagert sich der Kehlkopf nach den ersten Monaten der Saugzeit; gegen Ende des ersten Jahres nach der Geburt, vor allem vom zweiten Jahr an sinkt er mehrere Zentimeter ab in einem Jahre umfassenden Prozeß, bis zu Beginn der Pubertät die endgültige Lage erreicht ist. Dadurch entsteht ein nur bei uns verwirklichter Rachenraum, der den Vokalraum über die Stimmritze gegenüber den anderen Säugern beträchtlich erweitert ... Mundhöhle, Rachen- und Nasengebiet formen ein komplexes System, wobei die bewegliche Zunge den Rachenraum sehr verschieden zu gestalten vermag." (Portmann 1971.162) Den geringen Unterschied in dem Lautapparat der nonhumanen Primaten und des Menschen macht also das F-gestaltige Höhlensystem zwischen Kehlkopf und Mund sowie Nase aus. Für seine Entstehung beim Menschen (im Zusammenhang mit dem Aufrechten Gang) s. 1.3.1. Der supralaryngale Vokaltrakt wurde bisher sehr oft als Ansatzrohr bezeichnet (vgl. Laziczius 1961.47, Brockhaus-Enzyklopädie 1.552, 1966); Lautgang ist eine individuelle Neuerung, ebenso wie Lautrohr (Dieth 1950.124). Für uns ist supralaryngaler Vokaltrakt das gesamte Höhlensystem (L-R, Mund, Nase), wobei L-R-Höhle (Dieth 1950.126 „Rachenhöhle") eine prägnante Bezeichnung erhielt.

1.2.3 *Die Zunge.* — Dieses Organ ist das sichtbarste Werkzeug der Lautproduktion, deshalb wird die *Sprache* in vielen Idiomen einfach *Zunge* genannt (vgl. lat. *lingua*, griech. *glōssǎ*, slav. *jazyk*, finnisch *kieli*, ungarisch *nyelv*, arabisch *lougha*, hebräisch *laschon*; Peter M. Bergmann: The Concise Dictionary of 26 Languages in Simultaneous Translation. A Signet Book. 525 und 916. New York 1968). Als besondere Humanzüge der menschlichen Zunge gelten: etwa ein Drittel ihrer Masse ragt — im Gegensatz zu der Zunge des humanen Neugeborenen und der nichthumanen erwachsenen Primaten — in vertikaler Lage in die P-L-Höhle hinein und bildet deren Frontalwand. Das sog. foramen caecum — ein zweckmäßiger anatomischer Orientierungspunkt — ist bei dem Menschen tief nach hinten zu der Frontalwand der P-L-Höhle gerückt; beim Kleinkind befindet es sich ca. in 2/3, bei dem erwachsenen Schimpansen in ca. 1/2 der Entfernung von der Zungenspitze. Die Zunge des humanen Neugeborenen und des erwachsenen Schimpansen ist also mit ihrer Gesamtmasse in der Mundhöhle untergebracht — die des erwachsenen Menschen jedoch nur zu 2/3. 1/3 der voll entwickelten Humanzunge gehört streng genommen zur P-L-Höhle. Es ist allgemein bekannt, daß die Zunge des erwachsenen Menschen dicker und nervenmäßig stärker durchorganisiert ist als die der vergleichbaren nonhumanen Primaten. Sie ist daher beweglicher und empfängt neben den für die Nahrungsaufnahme wichtigen motorischen Impulsen auch sensorische stimuli, von denen die vier kardinalen Geschmacksempfindungen (süß, bitter, sauer, salzig) sowie die vertikalen und horizontalen Lageänderungen bei der Lauterzeugung als ausgeprägte humane Züge gelten (s. 2.2). Die nonhumanen Primaten und der Neugeborene können ihre Zunge nicht bewegen, zumindest nicht über das für die Nahrungsaufnahme erforderliche Maß hinaus. Allein aus diesem Grunde wären sie schon unfähig, artikulierte Laute zu erzeugen. Die Bemühungen enthusiastischer Tierfarmlehrer, die Kunst der humanen Lautartikulation Affen, Delphinen usw. beizubringen, sind daher von vornherein zur Erfolglosigkeit verurteilt. Eine gute vergleichende Darstellung der Anatomie der Zunge bei Mensch, humanem Neugeborenen und Schimpansen ist bei Lieberman zu finden (Lieberman 1975.108). Mit Computer durchgeführte Untersuchungen, deren Ergebnisse vor kurzem publiziert worden sind (Lieberman 1975.121—148), lassen den Schluß zu, daß die Zunge des Neandertalers (beherrschender Menschentyp bis um 70 000 v. Chr.) nur in sehr beschränktem Maße beweglich war. Die artikulierten Vokale *u*, *i* und *a*, für deren Auseinanderhaltung die Zungenstellung ausschlaggebend ist, konnte er nicht sprechen. Auch konnte der Neandertaler Nasenhöhle und Mundhöhle nicht voneinander trennen, wahrscheinlich war er daher nicht fähig, nichtnasalierte Vokale zu sprechen (Lieberman 1975.142). Die Humanzunge ist dicker und — beim erwachsenen Menschen — wesentlich kleiner als bei den nonhumanen Primaten oder als sie beim Neandertaler war. Diese physische Verkleinerung des Körpermaßes ermöglicht eine für das Sprechen wichtige schnellere Lageänderung sowohl in horizontaler als auch in vertikaler Richtung. Der Wert der Zunge liegt nicht in der Größe, sondern in ihrer nervlichen Durchorganisiertheit. Ihr Entwicklungsstand bei Tier und Mensch kann nicht durch simple Größenvergleiche, sondern — ähnlich wie beim Gehirn — nur durch Mantelindexwerte ausgedrückt werden, die im Verhältnis zur Gesamtgröße des menschlichen oder tierischen Körpers erstellt werden müssen (1.2.5). In dieser Beziehung muß die vergleichende Tier/Mensch-Anatomie neue Wege finden, um Resultate zu erzielen, die beim heutigen Wissensstand erreichbar sind und in der Sprachherkunftsforschung besonders willkommen wären.

1.2.4 *Das Ohr*. — In der Stimm-Hör-Kanal-Kommunikation spielt das Gehör verständlicherweise eine außerordentlich wichtige Rolle: zumindest 50 % der Verständigungsprozesse spielt sich in seinem Bereich ab (Lindner 1969.221). Dennoch ist es bis heute das Stiefkind der beteiligten Wissenschaftszweige geblieben, für die die Lautproduktion das Sprachphänomen par excellence zu sein scheint. Evolutionstheoretisch ist das Ohr ein verfeinerter und weitgehend spezialisierter Teil des Tastsinns: Die Schlange empfängt die Schwingungen der sich nähernden menschlichen Schritte mit ihrem Gesamtkörper: Das Ohr der Säuger nimmt dagegen nur die Geräusche wahr, die

durch den Schritt erzeugt und in dem Medium Luft zu Frequenzen umge-
wandelt werden. Das Ohr setzt „die Wirbeltiere mit dem Schwerefeld der
Erde in Beziehung" ... „Ein Teil des Statocystenapparates wird zu etwas
völlig Abweichendem: zum Transformator von mechanischen Schwingungen, die in einem bestimmten Schwingungsbereich als Töne wahrgenommen
werden und im Bewußtsein verbunden sind" (Portmann 1973.210). Es ist
allgemein bekannt, daß das Ohr gewisser rangniedriger Wirbeltiere (Ratten,
Fledermäuse) im Hinblick auf die Tonfrequenz eine umfassendere und
feinere Wahrnehmungsfähigkeit besitzt als das des Menschen: Es vermag
auch Ultraschall zu empfangen. Angesichts dieser Tatsache wird für das
menschliche Ohr bezüglich der Wahrnehmungsfähigkeit eine Verlustmutation
vorausgesetzt. Verlustmutationen können jedoch nur bei Organen eintreten,
die stammesgeschichtlich sehr früh stark entwickelt waren. Ohr und Gehör
sind bei dem Menschen daher gewiß um ein Vielfaches älter als die Lauterzeugung. Hören konnte der Mensch auch schon als Prototyp seiner Spezies —
sprechen dagegen erst im spätesten Stadium seiner phylogenetischen Entwicklung. Diese zeitliche Diskrepanz zwischen Gehör und Lauterzeugung —
insbesondere Sprache — muß daher mit Nachdruck hervorgehoben werden,
da Sprechen und Hören funktionell und entstehungsgeschichtlich allzu gern
in e i n e r Ebene gesehen werden, als ob das eine ohne das andere nicht vorhanden sein dürfte. Die äußeren Merkmale des Ohrs, die auf eine Verlustmutation hinweisen, sind vor allem: Verkleinerung der Ohrmuschel, ihre
Unbeweglichkeit (d. h. sie auf die Geräuschquelle ausrichten zu können, wie
es z. B. das Pferd tut), technische Vereinfachungen in der inneren Struktur.
Als innere Merkmale der Verlustmutation gelten: Ausschaltung des Ultra-
schall-Empfanges, Verringerung der Hörweite-Distanz (die auf Familien-
und Arbeitsgruppen-Größe beschränkt ist), eine ständige — teilweise individuell geartete — Zurückentwicklung der Feinhörfähigkeit. Die letztere
„Verlustmutation" ist vielleicht die Folge der zunehmenden Anpassung an
die groben Frequenztonwerte der Sprachlaute, die nur in ihren typischen
Merkmalen (ohne Unter- oder Obertöne) durch das Ohr wahrgenommen
werden. Anders gesagt: Das grobe Lautprodukt der Sprache hat die tierische
Feinfühligkeit des Ohres einbüßen lassen. Der Verlust der Feinfühligkeit
des Gehörs ging bei dem Menschen gewiß erst während der letzten Jahrzehntausende oder vielleicht Jahrtausende vor sich. Erst durch diese Vergröberung
der Wahrnehmungsfähigkeit ist das menschliche Ohr fähig geworden, hohe
Geräuschpegel durch Schreien, Weinen, lautes Sprechen, Orchestermusik ohne
Schmerz zu ertragen, die Tiere mit feinfühligem Gehör nervlich belasten oder
gar töten können. Die Kunst des Rattenfängers von Hameln bestand wahrscheinlich darin, daß er durch Geräuscherzeugung die gehörmäßig sehr emp-
findsamen kleinen Tiere töten konnte. Daß die Musik — insbesondere die
orchestrale und Symphonie-Musik — erst in den allerletzten historischen
Epochen der Menschheit allgemein Verbreitung fand, dürfte darauf hinweisen, daß die anatomische und frequenztechnische Vergröberung des mensch-

lichen Gehörs in der Tat eine sehr junge Erscheinung ist. Dieser Vergrößerungsprozeß ist bis heute nicht abgschlossen und wird mit der Geräuschlast,
die die Audio-Medien und diverse technische Einrichtungen (Flugzeug, Auto,
Schiff, modernistische Musik-Darbietungen) verursachen, weiter fortschreiten.
Allerdings hat das menschliche Ohr mehrere klassische Merkmale des Säuger-
Gehörs aufbewahrt: die sog. Breitbandübertragung und den Richtungsempfang
sowie die Gleichgewichtskontrolle. Durch unser Gehör können wir ohne Hinschauen Geräusche und ihre Quellen ausmachen, die in einer bestimmten Entfernung (Bandbreite) von uns liegen (vgl. Hockett 1973.136—139). Im
Gegensatz zu den Augen benötigen wir beim Zuhören keine räumliche „Fixierung" des observierten Gegenstandes. Durch diese Funktion ergänzt das Ohr
die Augentätigkeit in beträchtlichem Maße: Es entlastet das Sehvermögen,
das infolgedessen auf vordringlichere Aufgaben mit alleiniger Kompetenz
eingesetzt werden kann. Einen wichtigen evolutionstheoretischen Unterschied
zwischen Gehör und Lauterzeugung können wir noch darin erblicken, daß
das Ohr von vornherein zur Geräuschwahrnehmung diente: Die Sprechorgane
üben dagegen die Lauterzeugung nur als sekundäre Aufgabe aus, ihre primäre
Funktion war und ist die Atmung und Nahrungsaufnahme (Die Erkenntnis
schon bei Kempelen 1791). Die späte und sekundäre Artikulationstätigkeit in
Kehlkopf, Mund, Zunge usw. hat die primären Funktionen Atmung und
Nahrungsaufnahme überlagert (Einzelheiten Décsy 1973.5—11 und 296 sowie die dort angeführten Feststellungen von J. Bańczerowski, ferner Laziczius 1961.38). Im Stimm-Hör-Kanal sind also „Stimme" und „Gehör"
keine entwicklungsgeschichtlichen Äquivalenzen: Das Gehör ist in seiner
Funktion primär und alt, die artikulierte Stimme in ihrer gegenwärtigen
Ausprägung sekundär und relativ jung. Als neues Ergebnis der Gehörforschung wird die Feststellung angesehen, daß das rechte Ohr vorrangig für
Sprachwahrnehmung, das linke für Musikwahrnehmung dient, und zwar bei
allen menschlichen Varietäten der Erde (vgl. Lieberman 1975.154). Das
rechte Ohr scheint mit dem in der linken Hemisphäre untergebrachten
„Sprachzentrum" (1.2.5) mit einem entwickelteren kontralateralen Nervenkanal verbunden zu sein als das linke. Dies gilt eigenartigerweise auch für
Linkshänder; lediglich bei Menschen, deren Herz rechts im Brustkorb plaziert
ist, kann das „Sprachzentrum" in ihrer dominanten rechten Hemisphäre
organisiert sein und dadurch eine „Rechthörigkeit" begründen. Solche Ausnahmen sind aber selten (Bronowski 1974.421).

1.2.5 *Das Gehirn*. — Das Gehirn (cerebrum) besteht aus zwei spiegelbildlich anmutenden Hälften (Hemisphären) und kann als eine Verdichtung
des Nervengeflechtes angesehen werden. Die Einzeller und Hohltiere besitzen
kein Gehirn, die rangniedrigsten Lebewesen, für die eine Zusammenballung
des Nervengeflechtes angenommen werden kann, sind die Strudelwürmer
(Chordaten; erdgeschichtliches Alter: ca. 800 Millionen Jahre). Die Erweiterung des Schlundes bei den Ringelwürmern durch Anwachsen der vorderen

Ganglien des Bauchmarks nennt man Archicerebrum, bei der Klasse Insekten erscheint weiterentwickelt das Protocerebrum, dann das Deutocerebrum und schließlich das Tritocerebrum. Das Gehirn der Tintenfische (Kopffüßer, Entstehung im Unterkambrium vor 700 Millionen Jahren) ist schon fähig, Assoziationen zu speichern und abzurufen. Höchste Vervollkommnung des Gehirns wird bei den Wirbeltieren erreicht, bei denen es sich als der in der Schädelkapsel untergebrachte Teil des Zentralnervensystems darbietet. Beim Menschen gliedert sich das Gehirn in Großhirn und Kleinhirn (cerebellum). Das Kleinhirn ist entwicklungsgeschichtlich primär, das Großhirn — vorhanden lediglich bei den Vögeln und Säugetieren — ist ein spät ausgebildeter Teil, in dem die Zentren für hochentwickelte Tätigkeiten untergebracht sind. Bei Vögeln und Säugern ist das Gehirn in einen unteren Markteil und einen äußeren Rindenteil (Cortex) gegliedert, der letztere mit zahlreichen Windungen, Falten, Furchen und Fissuren (Spaltungen), wodurch die Rindenoberfläche in ungeahntem Maße vergrößert werden kann. Von der Größe der Rindenfläche hängt spezifisch der Intelligenzgrad ab. Der Rindenteil des Großhirns wird auch Neopallium (oder Neocortex) genannt, es überdeckt bei den entwickelten Säugern den Markteil bis hin zum Kleinhirn. Das Großhirn der Vögel, das strukturmäßig auffallend dem Säugergroßhirn ähnelt, besitzt keine Furchen. Das Neopallium (Neocortex) der Säuger kann gemessen und seine Ausdehnung in Hirnmantelindizes ausgedrückt werden (s. Portmann 1973.182 ff., andere Verfahren für die Messung von Hirnstrukturen bei Schwidetzky 1971.104 und Portmann 1976.45). Die Indexwerte werden auf die Körpergröße bezogen, so daß die Unterschiede zwischen einem Kleintier (wie Lemur) oder Großtier (Elefant) ausgeschaltet werden. Die hier folgenden Angaben sind dem Buch „Biologie und Geist" von A. Portmann entnommen (1973.183).

	Mantel der Großhirn-hemisphären (Neopallium, Neocortex)	Kleinhirn	Stammrest
Lemur	13,5	3,24	3,72
Meerkatze	33,9	4,90	4,79
Pavian	47,9	5,13	6,24
Schimpanse	49,0	7,59	4,47
Homo	175,9	25,70	10,00
Bär	23,3	5,10	4,65
Pferd	32,3	5,34	6,82
Elefant	70,0	30,20	9,95

Das absolute Hirngewicht oder die Schädelgröße lassen keine Schlüsse auf den Intelligenzgrad zu. Das Durchschnittsgewicht des menschlichen Gehirns ist bei Frauen 1245 Gramm, bei Männern 1375 Gramm, das Elefanten-Gehirn kann mehr als 10 Pfund (5 Kilogramm) wiegen. Nicht Gewicht und Ausdehnung, sondern die nervliche Durchorganisiertheit sind ausschlaggebend für den Intelligenzgrad. Da die Intelligenzzentren (s. weiter unten) im Neopallium — in der am spätesten hinzugewonnenen Rindenschicht des Großhirns — plaziert sind, gibt der Hirnmantelindex indirekt noch das zuverlässigste Bild über die mentalen Fähigkeiten der Lebewesen. Freilich vermag der Hirnmantelindex keinen direkten Schluß über individuelle Durchorganisiertheit des Gehirns und seiner Teile zu geben. Er ist bei den verschiedenen Spezies konstant, es lassen sich hinsichtlich seiner Wertskala beim Menschen keine Unterschiede nach Varietäten (Rassen) ermitteln.

Mit der gewaltigen Ausdehnung der Rindenfläche des Neopalliums haben die Primaten die nervlichen Voraussetzungen für Intellekthandlungen geschaffen. Die einfachen und daher uralten Tätigkeiten des Menschen werden vom Kleinhirn aus kontrolliert (Erhaltung des Gleichgewichts, Koordination von Bewegungen, Stellung der Gelenke, Kontraktionszustand der Muskeln, bei der Sprechtätigkeit die Intonation und emotionell-imperativische Willensbekundungen). Bei den Säugern ist auch das Kleinhirn durch eine Rindenschicht (Kleinhirnrinde) stark vergrößert, die — ähnlich dem Großhirn — ebenfalls Furchen und Windungen aufweist. Die Hirntopographie gibt Auskunft über das entwicklungsgeschichtliche Stadium und Alter der Tätigkeiten. Die Tatsache, daß das Sehzentrum bei höheren Wirbeltieren (Fische, Amphibien, teilweise Reptilien) im Mittelhirndach organisiert ist, spricht für das hohe Alter dieses Sinnesorgans. Sein zurückentwickeltes Reststück, die Vierhügelplatte (Lamina tecti, Lamina quadrigemina) beim Menschen ist verantwortlich für die Augenreflexe und für die Weiterleitung akustischer Reize zum Großhirn. Differenzierte Verarbeitung der optischen und akustischen Informationen geschieht jedoch beim Menschen im Großhirn, ganz speziell im Neopallium (Neocortex), d.h. in der Rindenschicht dieses Hirnteiles. Der Franzose Paul Broca (1824—1880) entdeckte im Jahre 1861 das motorische Sprachzentrum, das sich in der linken Hemisphäre in der dritten Stirnwindung befindet (Anterior speech cortex). Eine zusätzliche motorische Einheit (Superior speech cortex) ist im Windungsteil am obersten Punkt der vorderen Schädelmitte plaziert. Der Deutsche Carl Wernicke (1848—1905) entdeckte im Jahre 1874 den sensorischen Teil des Sprachzentrums (Wernicke's Gebiet), das sich topographisch mehr zum Schläfenbein und Ohr hinzieht (posterior speech cortex). Diese und ähnliche Entdeckungen führten zu der Lokalisierungs-Theorie, nach der für bestimmte Tätigkeiten im Gehirn jeweils unterschiedliche Zentren verantwortlich seien. Dies ist aber eine große Simplifikation, insbesondere was die Sprachfähigkeit anbetrifft. Die differenzierten intellektuellen Tätigkeiten des Menschen werden niemals von einem Zentrum aus geleitet, sie stellen vielmehr eine Orchestrierung, ein aufeinander abgestimmtes Zusammenwirken zahlreicher nervlicher Konzentrationsstellen dar, von denen viele nicht im Gehirn, sondern lokal an den Ausführungsorganen (Zunge, Lippen, Kehlkopf) angesiedelt sein dürften und anscheinend

„Lokalkompetenzen" besitzen. Wahrscheinlich wird ein Teil der motorischen Reize reflexmäßig auf Lokalebene erledigt. Insofern dürften Broca- und Wernicke-Gebiet nicht als „Sprachzentren", sondern lediglich als zentrale Schaltstellen funktionieren, die nicht direkt für das Sprechen, sondern vor allem für die beim Sprechen wichtigen Bewegungen zuständig sind; sie sind also für die physischen Lageänderungen der Zunge, Lippen, Stimmbänder, Kiefer usw. und *nicht* direkt für das hochorganisierte Sprechen verantwortlich. Ihre Aufgaben können bei Beschädigungen von anderen Hirnteilen teilweise übernommen werden (eine Regenerierung beschädigter Hirnpartien ist bei dem Menschen bekanntlich nicht möglich). Wir können also nur mit dieser Einschränkung über „Sprachzentren" im Humangehirn sprechen. Da sich diese Zentren auch bei Linkshändern in der Regel in der linken Gehirnhälfte befinden (1.2.4), dürfte man davon ausgehen, daß die Broca- und Wernicke-Gebiete noch vor dem Einsetzen der Spezialisierung einer der beiden Hände auf bestimmte Tätigkeiten (Kämpfen, Arbeiten, Schreiben usw.) angelegt worden sind („Demontage der Ambidexterität"). Wichtig ist noch, daß die Nervenzentren nicht nur der Sprache, sondern auch der folgenden wichtigen Bewegungen in der linken Hemisphäre untergebracht sind (schematisch stark vereinfacht von unten nach oben etwa in der folgenden Reihenfolge): Zunge, Kiefer, Lippen, Kopf, Daumen, Zeigefinger, dann die drei weniger wichtigen Finger, Gesamthand (Arm) und ganz oben Gesamtkörper (Bronowski 1974. 422). Daß die physikalisch-topographische Nähe des sog. „Sprachzentrums" (Zunge, Finger, Kiefer, Lippen, wahrscheinlich auch Stimmbänder) und der Zentren für spezifisch humane Bewegungen in der linken Hälfte des Neopalliums entwicklungsgeschichtlich eine enge Verbindung zwischen Sprache und der genannten speziell menschlichen Bewegungen darstellt, dürfte auch ohne Experimente einleuchten. Die asymmetrische Konzentration der Organe im Humankörper nennen wir Lateralisation; hochspezialisierte Humantätigkeiten sind grundsätzlich lateral organisiert. Der asymmetrische Bauplan, der der anatomischen Struktur der höheren Lebewesen vollständig widerspricht, scheint die Voraussetzung für humane Intellekthandlungen zu sein (vgl. LeMay in Harnad 1976.349 ff.). Die für das Sprechen ausschlaggebenden Vorgänge existieren in unserem Gehirn übrigens nicht als eine einheitliche Gruppe von Stimuli, sondern als eine Art Zusammenwirken der genannten, im wesentlichen physischen, Bewegungen. Freilich kann die Beschädigung einer dieser wichtigen Bewegungszentren zu ernsthaften Sprachstörungen führen. Nicht nur die Topographie (Plazierung der Sprachbewegungszentren im spät entstandenen Neopallium), sondern auch die Organisationsstruktur der Lauterzeugung im Gehirn sprechen somit dafür, daß die Sprache einen späten Neuerwerb des Menschen darstellt. Die Konzentration der Sprechtätigkeit in der linken Hemisphäre erweckt den Eindruck, als ob die rechte Hälfte des Neopalliums bzw. des Großhirns nicht ausgelastet wäre. Vielleicht liegen hier Organisationskapazitäten vor, die als Reserve für heute noch nicht erforderliche Tätigkeiten bereitstehen. Vermutungen, daß das rechte Neopallium für Musikaufnahme zuständig sei oder zweidimensionale Augenreflexe in dreidimensionale Bilder umwandelt, konnten bisher nicht bekräftigt werden (Bronowski 1974.423—424).

Es ist eine Tatsache, daß sich die Schädelmaße nicht nur des Menschen, sondern auch der anderen Säuger während der archäologisch faßbaren Zeit fortgehend vergrößert haben (Lieberman 1975.149). Dies bedeutet eine ständige Zunahme des Gehirnumfangs. Sicher ist heute, daß das Kleinhirn stammesgeschichtlich als der älteste Teil der nervlichen Kopfregion anzusehen ist und daß das Großhirn — insbesondere aber seine äußere Rindenschicht, das Neopallium — einen späten Neuerwerb der Primaten und des Menschen darstellt. Von den Sinnesorganen sind oder waren Geruchssinn und Gleichgewichtssinn (später Gehörorgan) in dem Kleinhirngebiet konzentriert. Neben dem Tastsinn, der gewiß die urälteste Erfahrungsform der Lebewesen vertritt, ist der Geruchssinn stammesgeschichtlich als die primärste Kontaktstelle mit unserer Umwelt anzusehen, zumal sein Organ ursprünglich im Endhirn untergebracht war, das bei den höheren Wirbeltieren den Ausgangspunkt der Großhirnbildung und damit (wesentlich später) des Neopalliums (Paläoneopalliums) abgab. Es ist anzunehmen, daß der Aufrechte Gang und die damit verbundene Veränderung der Kopfregion zum Schwerefeld der Erde die anatomische Umgestaltung des Schädels und der Sprechorgane (Zunge, Kiefer, Kehlkopf, Zähne usw.) in außerordentlichem Maße begünstigten (1.3.1). Die humanen Fähigkeiten, die durch die Entstehung des Neopalliums ermöglicht wurden, gehen wohl alle letztlich auf den Aufrechten Gang zurück.

Über die materielle Organisation der Hirntätigkeit im Zusammenhang mit der menschlichen Sprache läßt sich außer Vermutungen kaum etwas sagen. Das Gehirn besteht außer aus den „Gliazellen", die Ernährungs- und Unterstützungsfunktionen haben, aus Nervenzellen und Zellfortsätzen, die bei den höheren Tieren in Kerngebieten zu Nervenkernen (Nuclei) gebündelt sind. Ihre Fortsätze (Fasern) bilden Faserbündel (Tractus), von denen diejenigen, die die linke und rechte Hemisphäre miteinander verbinden, Kommissuren genannt werden. Dieser innere und differenzierte Ausbau des Gehirns ist für die menschliche Intelligenz wahrscheinlich bedeutungsvoller als die — ohne Zweifel auch noch heute fortschreitende — ständige quantitative Vergrößerung des Gehirns (insbesondere des Neopalliums). Der Mensch wurde durch den inneren Ausbau und nicht — oder nicht nur — durch das äußere Wachstum seines Gehirns groß. Eine intensive Faserbündelforschung wird diese These wahrscheinlich bestätigen können.

Es ist üblich, die Tätigkeit des Humangehirns mit der eines Computers zu vergleichen (vgl. von Neumann 1958). Das menschliche Großhirn besteht aus rund 14 Milliarden Nervenzellen, eine EDV-Anlage, die die gleiche Leistungsfähigkeit besitzt, könnte nur in einem Raum untergebracht werden, der die Ausmaße eines Theaters mit ca. 2000 Zuschauern besitzt. Es scheint jedoch, daß Organisation und Funktionieren des Humanhirns viel subtiler sind als die eines im wesentlichen aus mechanischen Teilen bestehenden Computers.

Nichts beweist die außergewöhnliche Subtilität und Aufwendigkeit des Humangehirns besser als die menschliche Fähigkeit, den Zeigefinger auf den Daumen drücken zu können. Diese unscheinbare Bewegung können nicht einmal die entwickeltsten Primaten durchführen: Sie ist ein typischer Humanzug, dem eine ähnliche revolutionierende kulturhistorische Bedeutung zukommt wie der Erfindung und technischen Nutzbarmachung des Rades (das nur in der Alten Welt als Arbeitsgerät verwendet wurde, in der Neuen Welt bis Columbus diente es dagegen nur als Spielzeug, vgl. Bronowski 1974.417 und 194). Um unseren Daumen entsprechend bewegen zu können, benötigen wir mehr Grausubstanz im Hirn als für die Kontrolle des ganzen Brust- und Unterleibgebietes. Nach der allgemeinen Auffassung nimmt das Gehirn Afferenzen (Meldungen) der Sinnesorgane auf, es koordiniert und bewertet sie und gibt die Efferenzen (Antworten) an die Muskulatur. In diesem Rahmen ist die menschliche Sprache nichts anderes als feinmodulative Bewegungstätigkeit gewisser Körperteile (Zunge, Lippen, Kehlkopf usw.). Diese Fähigkeit kann aber noch keineswegs als Sprache angesehen werden. Im Gehirn — vorzugsweise im Neopallium — ist eine gewaltige Anzahl abrufbarer Erinnerungsbilder (Bit) gespeichert. Man sagt, das Gehirn sei der Sitz des Bewußtseins (früher hat man das Herz dafür gehalten). Das Speichervolumen des Humangehirns ist nach Kulturkreisen oder individuellen Fähigkeiten unterschiedlich, es kann allerdings durch Übung erhöht werden. Assoziationen, die intensiv oder intellektuell sein können und in Bits (Einheiten für den Informationsgehalt) erfaßt werden dürften, stellen die Speichersubstanz der Sprache dar. Die biologische Beschaffenheit der Speicherung und Abrufung der Bits sind weitgehend unbekannt. Berechnungen, die man bisher im Hinblick auf das Speichervolumen des Gehirns (5×10^{10} bzw. $2,8 \times 10^{20}$) angestellt hat, können daher nur als Vermutungen angesehen werden. Exakte Daten könnten nur elektrische Messungen der Nerventätigkeiten (Elektroencephalogramme) bei bestimmten semantischen Informationsarten vermitteln, eine Technik, die gegenwärtig noch nicht im Bereich des Möglichen liegt. Bei dieser Technik müßte man *die* Nervenstellen nachweisen, die bei einem bestimmten Bit (z. B. bei Nennung der Begriffe Apfel, gehen, Bankkredit usw.) tätig werden. So könnte man erfahren, ob die Bits nach semantischen oder lautsequenzartigen Assoziationen in den einzelnen Speicherräumen lagern. Anscheinend muß man hierbei mit individuellen Unterschieden rechnen.

1.2.6 *Das Auge*. — Entwicklungsgeschichtlich ist das Auge eine weitgehend verfeinerte und an einem Ort des menschlichen Körpers konzentrierte lichtstrahlempfindliche Variation des Tastsinns (vgl. Bussenius 1950.310). Auf sein hohes stammesgeschichtliches Alter weist nicht nur sein Vorhandensein bei rangniedrigeren Lebewesen hin, sondern auch der Umstand, daß seine ursprüngliche nervliche Zentralstelle im Gebiet des Kleinhirns organisiert war. Die Verlagerung der entsprechenden Kompetenzgebiete bei dem Menschen in das Großhirn erfolgte spät und stellt einen Primaten- bzw. Humanzug dar.

Die Rolle der Augen beim Sprechen war wissenschaftlich lange Zeit unerkannt und/oder unberücksichtigt geblieben. Das Problem ist seit etwa 30—40 Jahren im Zusammenhang mit den Filmsynchronisierungen akut geworden. Eine vollständige Synchronisierung kann nie gelingen, und seit einiger Zeit fällt auf, daß Fernsehzuschauern die offensichtliche Diskrepanz zwischen Gehöreindrücken und den nicht muttersprachgerechten Mundbewegungen zu einer nervlichen Belastung wird. Dies betrifft nicht nur die Synchronisierung fremdsprachiger Filme, die die TV-Anstalten in Europa seit den 60er Jahren beinahe täglich senden, sondern auch Zeichen- und Puppentrickfilme — wie z. B. die berühmte amerikanische Reihe Sesamestreet —, die nicht nur in fremdsprachigen Synchronisierungen, sondern bezeichnenderweise auch in der englisch-amerikanischen Originalfassung infolge der inkorrekten Mundbewegung befremdend wirken. Diese Wirkung kann insbesondere bei Kindern im Spracherwerbsalter (2 bis 6 Jahre) zu Fehlleistungen im Sprechen führen. Da z. B. dialektal gebundene Mundbewegungen nicht nur in einer Fremd-Synchronisierung, sondern auch in der Muttersprache fremdartig wirken können (so die Unterschiede zwischen Britisch-Englisch und Amerikanisch-Englisch), sind Regisseure dazu übergegangen, Mundbewegungen beim Sprechen möglichst nicht in Großaufnahme zu filmen, wodurch die Möglichkeiten für eine störungsfreie Synchronisierung offengehalten werden. Diese Schwierigkeiten haben die Aufmerksamkeit auf die sehr wichtige Rolle der Augen beim Sprechen und Spracherwerb gelenkt. Sprichwörtlich ist, daß man einem jeden Wunsch von den Lippen (oder Augen) ablesen kann. Bei der Kommunikation zwischen Tauben können die im Lippengebiet sichtbar werdenden Bewegungen die Lautsprache vollständig ersetzen: Die Mitteilung wird aufgrund der Mundbewegungen rein optisch durch die Augen wahrgenommen. Aber auch bei der Kommunikation gesunder Menschen spielen die Augen eine Rolle in dem Sinne, daß die Reize, die uns zum Sprechen veranlassen, nicht ausschließlich durch den Stimm-Hör-Kanal, sondern zu einem gewissen Maße durch die Augen den Sprachzentren im Gehirn zugeleitet werden. Dies gilt freilich auch für andere Sinnesorgane (Geruchsinn, Tastsinn, Geschmackssinn). Eben deswegen dürfte die Bezeichnung „Stimm-Hör-Kanal" für die Humankommunikation (Hockett 1973.136) nur mit Vorbehalt als zutreffend angesehen werden. Sprichwörtlich ist auch, daß wir „mit unseren Augen sprechen können". Die Einheiten für den Informationsgehalt einer Nachricht oder Erfahrung (Bit) erreichen uns zwar durch das Gehör, beinahe in jedem Falle werden jedoch Zusatzinformationen — sehr oft auch Original-Bits — durch optische Reize in unseren Augen dem Sprachzentrum zugeleitet. Entwicklungsgeschichtlich ist das menschliche Linsen-Auge gewiß älter als die Lauterzeugung. Dementsprechend muß auch für ihre Kommunikationsfunktion ein sehr hohes Alter angesetzt werden; dies betrifft vor allem die Wahrnehmungstätigkeit, obwohl auch bei der Ausdruckstätigkeit (als Teil der Gesichtsmimik) das Auge eine nicht zu unterschätzende Rolle spielt. Trotzdem dürfte man nicht den Fehler begehen, nichtlautsprachliche Kommunikationsvorgänge zu einem zentralen Teil der Sprachforschung zu erheben. Die außerhalb des Stimm-Hör-Kanals liegenden Zusatzfaktoren (Auge, Tast-, Geruchoder Geschmackssinn) nehmen nur marginale Funktionen in der Humankommunikation wahr. Der anatomisch und kommunikationstechnisch weitaus wichtigste Informationsaustausch läuft ohne Zweifel durch den Stimm-Hör-Kanal. Er ist das Organsystem der echten Humanverständigung, die ihrem Wesen nach stets akustisch war und bleibt (Portmann 1973.68).

1.3 *Die ökologische Szene.* — Bezeichnenderweise wurde bisher lediglich die biotische (organische) Umwelt in ihrer Beziehung zur Humansprache Betrachtungen unterzogen (Sprachpsychologie, Sprachsoziologie, Verhaltensforschung), nicht jedoch die abiotische (anorganische) Ökologie, obwohl diese entstehungsgeschichtlich primärer ist als jene. Die zahlreichen organischen Veränderungen, die die speziell humane Struktur (1.2) des menschlichen Sprachinstrumentariums erzeugten, sind doch eher anorganischen Umweltfaktoren (Verhältnis zum Schwerefeld der Erde, Drang zum Aufrechten Gang) als sozialen Beziehungen zu verdanken. Auch die Lage des Menschen auf unserem Planeten, deren Einmaligkeit die bisherige Raumforschung zu bestätigen scheint, wird entstehungsgeschichtlich in erster Linie durch anorganische ökologische Prädestinationen vorgezeichnet, die uns trotz ihrer scheinbaren Unbeweglichkeit zur Dynamik und Tätigkeit herausfordern. Die abiotischen Faktoren werden grundsätzlich als konstant und seit dem Beginn des Lebens auf der Erde als unverändert vorausgesetzt. Die Sprachursprungsforschung geht z. B. häufig davon aus, daß die gegenwärtigen Erdteile und Klimazonen während der Zeit der Sprachentstehung schon in ihrem heutigen Verlauf bestanden. Daß aber eben in dieser Beziehung auch für die allerjüngste Zeit der Erdgeschichte umfassende Veränderungen vorauszusetzen sind, geht aus modernen Forschungsergebnissen klar hervor. Hiervon seien hier skizzenhaft diejenigen vorgestellt, die für die Menschenwerdung und Sprachentstehung von besonderem Belang sein dürften.

1.3.1 *Die Erde.* — Unsere Erdverbundenheit tut sich kund in der „Beziehung zum Schwerefeld unserer Planeten, zum Tag- und Nachtwechsel, zur oberen Lichtwelt und zum dunklen Erdinnern. Glied dieses Ptolemäertums ist die ursprüngliche menschliche Sprache als vollwertige Kundgabe unserer erdgebundenen Einbildungskraft. Alles Träumen, alles ursprüngliche, vorstellungsmächtige Denken ist in dieser ptolemäischen Welt daheim, in der ungebrochenen Vorstellungswelt der primären Erlebensweise einer primären Erdbeziehung. Wie weit auch Denken und Phantasie schweifen, sie arbeiten zunächst immer mit den Bildern einer ursprünglichen Erlebensbindung, welcher die Erde echte Heimat ist" (Portmann 1973.215). Die Bipedalität (Bipedie), bei der sich der Mensch — ein wenig den Vögeln ähnelnd — „auf die Hinterbeine gestellt" hat, war wahrscheinlich die schicksalsschwerste Auflehnung gegen die Schwerkraft der Erde in der Geschichte der lebenden Orga-

nismen. Sie hat für die Fortentwicklung des Menschen seit etwa einer halben
Milliarde Jahren zumindest die folgenden Vorzüge eingebracht:

> Ausrichtung des Schädels im Sinne einer Vertikallinie (Vertikalisie-
> rung) und damit seine Vergrößerung in der Vorderregion, was die
> Ausgestaltung des Großhirns und die Entstehung des Neopallismus
> (1.2.5) ermöglichte (Encephalisation). Die Schwerkraft der Erde ver-
> körpert die absolute Vertikalität, und das Horizontale steht in einem
> rechten Winkel zu ihr (Bronowski 1974.157).

> Umgestaltung des supralaryngalen Vokaltraktes (1.2.2), der die
> typisch menschliche gebogene Form erhielt, wodurch eine Trennung
> zwischen Nasenhöhle und Mundhöhle unter Einschaltung des Gau-
> mensegels ermöglicht wurde; für die Bildung nichtnasalierter Vokale
> und Konsonanten — ein auffälliger Humanzug — sind somit die
> anatomischen Bedingungen geschaffen worden.

> Die nunmehr üblich gewordene vertikale Atmungsrichtung bean-
> sprucht anscheinend weniger Energie als eine bei den Vierfüßern
> übliche horizontale; der Anprall der vertikalen Luftströmung in
> Kehlkopf und dem darauf von oben anschließenden supralaryngalen
> Vokaltrakt mit dem bekannten gebogenen (also vom Gaumen an
> wieder horizontalen) Höhlensystem kann viel einfacher Geräusche
> erzeugen, als wenn diese Organe — wie bei den Vierfüßern — vor-
> wiegend horizontal angeordnet sind. Zugleich sind die Lungen im
> Hinblick auf die Preßfunktion entlastet worden.

Die Aufrichtung des Körpers führte anatomisch und medizinisch zu zahlreichen Nachteilen. Trotz des Überspielens der Erdschwerkraft durch ge-
schicktes Balancieren ist die Überlastung der Wirbelsäule unverkennbar, von
den 24 Stunden des Tages muß auch der gesunde Mensch zumindest sechs bis
acht Stunden in horizontaler Lage (Schlaf oder Ruhestellung) verbringen.
Auch das Sitzen auf der Erde oder in einem Sessel bringen Entlastung. Liege-
und Ruhestellung oder Sitzen, die die Last der Bipedalität in Beziehung zum
Schwerefeld der Erde reduzieren, sind typische Humanbedürfnisse.
Der atmosphärische Druck auf den Menschen wurde infolge des Aufrechten
Ganges verringert, zugleich aber die Einatmung erschwert. Ein vertikaler Ein-
atmungsvorgang verlangt offensichtlich mehr Energie als ein horizontaler
(das Ausatmen dagegen weniger, s. oben). Hierin sehen wir den Grund dafür,
daß die humane Lauterzeugung aufgrund der Expiration und nicht der In-
spiration (Einatmen) vor sich geht. Dies ist eine natürliche Folge der Diskrepanz im Energie-Verbrauch zwischen Ein- und Ausatmung. Der freigewor-
dene Energie-Überschuß der Ausatmung wird für die Überwindung der von
Stimmbändern, Zunge, Zähne, Lippen usw. gebildeten Hindernisse verwendet. Der expirative Charakter der humanen Lauterzeugung liegt somit im

Aufrechten Gang sowie im Schwerefeld der Erde und damit in einer primären Erdbeziehung begründet.

Wie sich die Schwerelosigkeit bei der Raumfahrt auf die Sprechtätigkeit auswirkt, wurde m. W. bisher nicht untersucht. Nicht erforscht werden kann die Sprechtätigkeit im luftleeren Raum, da Lautproduktion und Fortbestehen des menschlichen Lebens ohne Luft unvorstellbar sind. Bei Raumfahrten kann der Mensch die Schwerelosigkeit ertragen, fortleben kann er dabei jedoch nur in der Kapsel oder in der im Mondspaziergangskleid künstlich erzeugten irdischen Atmosphäre mit Luft (und Oxygen). Diese ermöglichen die Ein- und Ausatmung und damit die Lautproduktion auch im Zustand der Schwerelosigkeit. Rein theoretisch müßte die Einatmung bei Schwerelosigkeit mit weniger, die Ausatmung und damit die Lautproduktion mit mehr Energie-Aufwand vor sich gehen. Hoffentlich werden bei Raumfahrten bald auch derartige — für die Linguistik besonders aufschlußreiche — Beobachtungen und Messungen durchgeführt.

Es müßte im Tierreich untersucht werden, wieweit die Körperhaltung dort die Entwicklung des Stimmapparates beeinflussen kann. Gut funktionierende Stimmproduktion scheinen nämlich lediglich diejenigen Tiere zu besitzen, die teilweise eine Art Körperaufrichtung erreicht haben. Gesondert muß hierbei auf die Vögel hingewiesen werden, die durch ihre Zweibeinigkeit eine sehr menschenähnliche Körperhaltung einnehmen können: vielleicht auch deswegen, weil ihre vorderen Gliedmaßen — wie beim Menschen die Hände — für sehr spezialisierte Aufgaben in Anspruch genommen werden (nämlich für das Fliegen). Bei dem Brüllfrosch (Ochsenfrosch) (Rana catesbeiana, bullfrog) sind aufgrund eines humanartigen Kehlkopf- und Supralaryngal-Systems einprägsame Lautprodukte mit klarer Semantik nachgewiesen worden (Lieberman 1975.156 nach Capranica und Goldstein). Es scheint, daß die entwickeltsten Stimmapparate — ob auf Syrinx-Grundlage wie bei den Vögeln (1.2.1), oder auf Kehlkopf-Basis wie bei den Fröschen — diejenigen Tiere besitzen, die sich auf dem Wege zu einer Bipedalität und/oder einer aufrechteren (vertikaleren) Körperhaltung befinden. Die sehr nahen Verwandten des Menschen, die nonhumanen Primaten, bleiben mit ihrer Stimm-, bzw. Lautproduktion weit hinter den Vögeln oder Fröschen zurück, vielleicht weil ihre Körperhaltung noch nicht die konsequente Schrägstellung der genannten rangniedrigeren Wirbeltiere (Vögel, Frösche) erreicht hat. Die diesen Vermutungen zugrunde liegenden Fakten sollten von Zoologen und Phonetikern näher untersucht werden.

1.3.2 *Geotektonik und Menschenwerdung*. — Auch wenn wir die berühmte menschliche Trias (Aufrechter Gang, Einsichtiges Handeln, Sprache, vgl. Portmann 1973.119, 122, 190, 211, 253 usw.) chronologisch gestaffelt sehen (Körperaufrichtung um 500 000 v. Chr., Einsichtiges Handeln bis um 100 000 v. Chr., Sprache danach, s. 1.1 oben), müssen wir voraussetzen, daß der Mensch im wesentlichen während der Eiszeit (die letzte ging erst um 10 000

v. Chr. zu Ende) seine humanen Fähigkeiten erworben hat. Und wenn wir
auch wie üblich lange Interglazials für die letzten eine Million Jahre der Erdgeschichte ansetzen, wird es trotzdem schwer verständlich, wie der Mensch
unter den äußerst schwierigen Bedingungen der Eiszeit anatomisch seine
höchste Vervollkommnung erreichte. Bei einer globalen Betrachtung müßten
allerdings viele Ergebnisse der Eiszeitforschung, zumindest was die letzte erd-
geschichtliche Epoche (Holozän) anbetrifft, überdacht werden. Man kann
kaum mit gutem Recht restlose Vereisung für diese Zeit auf dem ganzen
Erdball voraussetzen. Zumindest das Gebiet zwischen den Wendekreisen und
in den angrenzenden Regionen muß schon zuvor lange Zeit eisfrei gewesen
sein. Unser Eiszeitbild wird von den nordeuropäischen und nordamerikani-
schen Verhältnissen geprägt, und in diesen Regionen bestand eine sehr starke
Eiskruste praktisch bis um 10 000 v. Chr. — also bis zur erdgeschichtlichen
Neuestzeit. Dies hatte aber einen besonderen Grund — genauso wie die
Konzentration der rationellen Humankultur in diesen Gebieten. Die urerd-
geschichtlichen Vereisungen im Paläozoikum (Beginn: 570 Millionen Jahre),
Mezozoikum (225 Millionen Jahre) oder Neozoikum (67 Millionen Jahre)
konnten zeitweise globale Ausdehnung gehabt haben, im Quartär (Beginn vor
ca. 1½ bis 2 Millionen Jahren) kann dagegen nur noch mit Polargebiet-Ver-
eisungen gerechnet werden. Heute weiß man, daß die Rotationsachse der Erde
nicht festliegt, und daß sich die Erdpole infolge von Verlagerungen im Erdinnern oder extraterrestraler Einflüsse (Meteor-Einschläge, Gezeiten usw.) ihre
Lage ändern können. Anhand dieser Überlegungen hat Richard Fester (geb.
1910) eine sehr plausible Erklärung für die letzte Eiszeit auf der Nordhalbkugel (80 000 bis 10 000 Jahre v. Chr.) entwickelt. Nach ihm lag der Nord-
pol während dieser Zeit im heutigen Südgrönland (also ca. 3000 km südlicher
als heute). Das nördliche Europa einschl. Skandinavien, Baltikum, Nordwest-
rußland, aber auch Norddeutschland und Nordpolen gehörten somit zum
Polargebiet, Sibirien, Nordostrußland, die Nordspitze Skandinaviens, Spitzbergen, Nordgrönland, der Nordstreifen der nordskandinavischen Insel-
Territorien sowie Alaska dürften dagegen eisfrei gewesen sein. Ebenfalls eisfrei war die Pazifikküste Kanadas und der U.S.A., ihr übriges Gebiet nördlich
von der Linie Charleston N.C.—Los Angeles muß dagegen unter einer
dicken Eisdecke gelegen haben. Infolge einer physikalischen Gleichgewichts-
störung erfolgte dann etwa um 20 000 bis 15 000v. Chr. (hervorgerufen vielleicht durch den Barringer-Meteoriten-Einschlag in Arizona, der aus nörd-
licher Richtung kam: Foster 1964.28) eine plötzliche Verlagerung der Erd-
umdrehungsachse nach Norden in das heutige Nordpolgebiet. Die Folgen hiervon waren: Plötzliche Vereisung Sibiriens (darum: „tiefgekühlte" verwesungs-
freie Kadaverfunde von Mammuttieren dort), Rückgang der Eiskruste in
Nordeuropa und Nordamerika, Hebung des Meeresspiegels und damit Sintflut im Mittelmeergebiet, Austrocknung der Sahara, evtl. Untergang der Mär-
chen-Insel Atlantis (Much 1976), Verlagerung des Golfstroms (der bis dahin
die westafrikanische Küstenzone anlief) nach Norden, wodurch in Skandi-

navien und Nordeuropa in einer relativen Polarnähe wie ein Naturwunder eine gemäßigte Zone entstand, Unterbrechung der Landverbindung zwischen Nordskandinavien und Alaska, die über Spitzbergen bestanden haben dürfte, sowie Entstehung der Bering-Straße zwischen Eurasien und Nordamerika (Einzelheiten Fester 1973. passim). Ob man dieser Theorie zustimmt oder nicht, es können an den obigen Vorgängen höchstens die Ursachen nicht aber die Verläufe umstritten bleiben.

Daß Nordsibirien bis um 15 000 v. Chr. eisfrei war oder daß die Sahara lange Zeit um die gleiche Zeit hochentwickelte Agrikultur beherbergte, weiter daß Nordeuropa erst seit um 10 000 v. Chr. bewohnbar wurde, sind doch allgemein bekannte Tatsachen. In Sintflut oder Ultima Thule, Atlantis-Untergang, Nordlicht und Jahreszeiten-Wechsel, die feste Bestandteile der eurasischen Kosmogonien sind, dürfte man die folkloristische Überlieferung der obigen Naturkatastrophen erblicken. Daß ähnliches in Mittelafrika oder in der Neuen Welt fehlt — weil sich dort die Veränderungen nicht so katastrophal auswirkten — spricht ja für sich selbst. Auf jeden Fall sind die heutigen Kontinentalstrukturen, die West- und Nordeuropa sowie Nordamerika in eine privilegierte klimatische und kulturmorphologische Zone gebracht haben, erst vor kaum mehr als 15 000 Jahren entstanden.

1.3.3 *Geographische Zonen der Menschenwerdung.* — Man zweifelt nicht, daß die Menschwerdung — d. h. die Entwicklung einer Affengruppe zum Menschen — in der Alten Welt (also in Eurasien und in Afrika) und innerhalb oder in der Nähe des Wendekreis-Gürtels vor sich gegangen sein muß, wobei wir voraussetzen müssen, daß dieses Gebiet infolge der — wahrscheinlich wiederholten — Erdachsenverlagerungen (1.3.2) im Vergleich zum heutigen Äquator einer Nord-Süd-Schwankung von zwei bis dreitausend Kilometern unterworfen war. Wir wissen, daß die Neue Welt (die beiden Amerikas mit den zahlreichen atlantischen und pazifischen Inseln) verhältnismäßig spät besiedelt wurde (älteste Menschenfunde in Amerika: 50 000 Jahre). Australien nimmt eine Mittelstellung zwischen der Alten und Neuen Welt ein, seine Menschenbesiedlung dürfte sehr alt sein, sie entwickelte sich jedoch isoliert von den anderen Kontinenten. Wenn wir nun alle Faktoren berücksichtigen, können wir voraussetzen, daß die Zone der Menschenwerdung auf ein Gebiet zu setzen ist, das sich etwa zwei- bis dreitausend Kilometer nördlich und südlich des Äquators (vorwiegend aber nördlich) in der Alten Welt erstreckt. Es ist gewiß kein Zufall, daß die meisten Fundorte von Vormenschen (Protoarchanthropinen, Archanthropinen, vgl. 1.1), die älter sind als der Neandertaler (also in der Zeit *vor* ca. 150 000 Jahren gelebt haben), innerhalb dieser Zone in Afrika und Eurasien liegen: Äthiopien, Südafrika, Kenia, Java, China (Peking-Gebiet), Algerien, Deutschland, Ungarn, Südfrankreich und Südengland (vgl. Meyer's Enzyklopädisches Lexikon 1.157, 1971). Freilich ist Europa im Hinblick auf die Vormensch-Funde besser durchforscht als die anderen Gebiete, dennoch scheint bestätigt zu sein, daß die Menschen-

werdungszone in den Wendekreisgebieten und den angrenzenden Arealen
Afrikas und Asiens gelegen haben muß. Nicht direkt oder schwerpunktlich
am jeweiligen Äquator, aber in seiner Nähe, da diese Gebiete infolge der
Erdachsenverlagerungen (1.3.2) keinen sehr bedeutenden Klimaschwankungen
ausgesetzt waren. Diese Zone ist bis heute das klassische Areal der verschiedenen (Altwelt-)Affengruppen. Erdraummäßig und klimatisch geht es hier
um Dorn- und Trockensavannen und tropische Regenwälder, die für die
vegetative Lebensform der Affengruppen von besonderem Vorteil sind. Die
Menschenwerdung hochentwickelter (damals noch nonhumaner) Primaten
kann hier aufgrund des Toynbee-Prinzips (nach Arnold Joseph Toynbee
1889—1975) eingeleitet und vor sich gegangen sein:

> *Situationsbedingte Herausforderung:* Hängelage auf den Bäumen
> zwingt zu einer Art Aufrechten Körperhaltung und einer speziali-
> sierten Tätigkeit der Hände. In den tropischen Grasländern ist eine
> Lauerstellung und damit dauerhafte Körperaufrichtung erforderlich.

> *Spezifische Lagebeantwortung:* Spezialisierung der Hände und der
> Finger bei Hängestellungen auf Baumästen; die Entwicklung der
> Hände war ein außerordentlicher Stimulus für die Erweiterung des
> Gehirnumfanges (Encephalisierung, Bronowski 1974.116). Vorteile
> der Aufrechten Körperhaltung auch auf der Erde erkannt. Weitere
> Folgen des Aufrechten Ganges: Schädelausrichtung, Entwicklung des
> Neopalliums/Neocortex.

Weiter kann die Enthaarung des Menschen im Wendekreisgebiet durch
zonale klimatische Bedingungen erklärt werden (Ansätze dazu findet man
auch bei den gegenwärtigen Affengruppen der Alten Welt). Durch die Nackt-
heit wurde die Aufnahmefähigkeit des Tastsinns gesteigert (Portmann 1973.
181). Sie schuf die Voraussetzungen auch für die unterschiedlichen Pigment-
Einlagerungen der Hautoberfläche. Wir können davon ausgehen, daß der
Großteil der ursprünglichen afrikanischen Wendekreis-Urpopulation seit dem
Beginn der Menschenwerdung in den zentralen Regionen dieses Kontinents
lebt. Die Enthaarung des Körpers ist bei ihnen am meisten fortgeschritten,
und sie haben die stärkste Pigmentierung ihrer Haut erfahren. Das sind die
dunkelfarbigsten Neger Afrikas. Gruppen der Wendekreis-Urpopulation
zogen jedoch schon sehr früh aus der tropischen Zone immer weiter weg, vorzugsweise nach Norden. Die nördliche Halbkugel besitzt im Bereich der Alten
Welt ausgedehntere Erdoberflächen als die südliche, die bis zur Südspitze
Afrikas infolge der geringen Ausdehnung kaum natürliche, landschaftliche
oder klimatische Varietäten und damit Toynbee'sche Herausforderungen für
den vordringenden Urmenschen bot. Völlig anders war die Lage im Norden:
Nordafrika, der Nahe Osten, die gewaltigen Räume Eurasiens stellten —
vermehrt durch glaziale und sonstige Klimaschwankungen —, diejenigen

Herausforderungen an unsere Vorfahren, deren gewiß nicht einfache Beant-
wortung in einer vierhunderttausendjährigen Entwicklung jene eurasischen
Hochkulturen zustande brachte, die dann die Substanz für usere gegenwärtige
globale Zivilisation abgaben. Die einzelnen Phasen dieser Nordhalbkugel-
Kulturation sind anhand des Toynbee-Prinzips erklärbar, in ihren letzten
Epochen archäologisch und historisch auch gut beschrieben. Der Nordhalb-
kugelmensch der Alten Welt — in kennzeichnender Ausprägung nostratisch
genannt — zeichnet sich durch weniger fortgeschrittene Enthaarung und seine
Haut durch geringeren Pigmentgehalt aus, da er sich in sämtlichen seinen
Varietäten (Weiß, Gelb, Braun usw.) der starken Sonnen-Einwirkung der
Äquatorial- und Wendekreis-Gebiete für hunderte von Jahrtausenden entzog.
Die Vielfalt der situations- oder naturbedingten Herausforderungen war in
Eurasien ungewöhnlich groß. Die Antworten darauf sind die uns aus der
Geschichte gut bekannten Kulturkreise der Nordhalbkugel in der Alten Welt.
Wahrscheinlich muß für dieses Gebiet ein Urprototyp in der Varietät der
gegenwärtigen Araber-Perser vorausgesetzt werden. Daß sich die ältesten uns
bekannten Hochkulturen im südlichen Teil der nördlichen Hemisphäre herausgebildet haben (Ägypten, Naher Osten, Indien, China, Griechenland, Persien,
Rom), hat auch seinen guten Grund. Die Herausforderungen waren hier
größer als in dem eine vegetative Lebensform ermöglichenden Wendekreis-
Gebiet, jedoch nicht so unerfüllbar, wie in den nordeurasischen Regionen, in
denen die wahrscheinlich schon sehr früh vorgedrungenen unternehmungs-
lustigen Menschengruppen mit den harten Lebensbedingungen bis zur Neuestzeit nicht fertig werden konnten. Die hohe Leistungsfähigkeit des Ballungs-
zentrums Altägypten könnte vielleicht auch dadurch erklärt werden, daß die
Agrarbevölkerung der Sahara nach der Austrocknung ihres Heimatlandes in
das Landwirtschaft weiterhin ermöglichende Niltal zog und ihre technischen
Fähigkeiten dort in einer Notlage vervielfachte. Ähnliches könnte auch für
das Zwischenstromland gelten, dessen Bevölkerung aus infolge Naturkatastrophen aus nördlicheren Regionen zugewanderten hochentwickelten Menschengruppen immer wieder aufgestockt wurde. Dies sind aber nur die letzten, auch historisch nachweisbaren Vorgänge einer hochkulturproduzierenden
Entwicklung, die sich als Migrationen seit der Einführung des Aufrechten
Ganges bis zur neuesten Zeit unzähligemal wiederholt haben. Von Belang
ist auch, daß die Altweltaffen in Afrika, Südasien mit Schmalnasen, reduzierter Schwanzlänge und Humanzahnkranz (32 Zähne) auf einem höheren
anatomischen Entwicklungsstand stehen als die Neuweltaffen (Breitnase, nach
außen gerichtete Nasenlöcher, körperlanger Schwanz, 36 Zähne). Das Ver-
breitungsgebiet der Affen ist sowohl in der Alten als auch der Neuen Welt im
wesentlichen auf das Wendekreisgebiet beschränkt — also auf eine geographische Zone, die als das klassische Territorium des Tier-Mensch-Übergangsfeldes und der Menschenwerdung gilt. Vgl. Keith 1968.246.

1.3.4 *Mensch und Tier.* — Ob es begründet ist, dem (organischen) Pflanzen- und Tierreich ein eigenes „Menschenreich" gegenüberzustellen, ist eine Frage der Übereinkunft. Anatomisch sind die Unterschiede (insbesondere bei einem Vergleich mit den nonhumanen Primaten) zwischen Tier und Mensch so gering, daß sie die Annahme eines besonderen „Menschenreiches" nicht rechtfertigen können. Den geringfügigen quantitativen Unterschieden steht allerdings ein qualitatives Übergewicht auf der Seite des Menschen gegenüber. Es ist gewiß eine Simplifizierung, den Unterschied zwischen Mensch und Tier nur in der klassischen Trias (Aufrechter Gang, Einsichtiges Handeln, Sprache) sehen zu wollen. Eine vollständige Liste der „Unterschiede" zwischen den beiden Spezies würde wahrscheinlich hunderte von Seiten umfassen, insbesondere wenn wir nicht nur die Form der Körperteile, sondern auch ihren Entwicklungsstand und die dadurch begründeten besonderen humanen Fähigkeiten berücksichtigen. Dennoch bestehen letztlich mehr Übereinstimmungen als Unterschiede zwischen Mensch und Tier, und zwar eben in den entwicklungsgeschichtlich ausschlaggebenden anatomischen Partien. Wenn wir also einen „divinalen" Schöpfungsakt für die Entstehung des Menschen — mit Herder und Darwin — ablehnen, müssen wir den „homo sapiens sapiens" als eine vervollkommnete Fortentwicklung des Tieres, insbesondere der nonhumanen Primaten ansehen. Der Mensch ist allerdings nicht nur durch seine anatomische Abstammung, sondern auch durch seine gegenwärtige Existenz mit den Tieren aufs engste verbunden. Die Fakten sind Gemeinplätze: die Tiere dienen den Menschen, sie ernähren uns durch ihr Fleisch und haben einen unersetzbaren Stellenwert in unserer Umwelt. Der Mensch ist eben Fleischfresser, und ohne diese Eigenschaft wäre er wahrscheinlich nie die regierende Spezies der Erde geworden. Nach abenteuerlichen Vorstellungen verdankt der Mensch das Volumen seines Gehirns dem Umstand, daß er hunderte von Jahrtausenden lang Kannibale gewesen war und nicht nur das Fleisch, sondern auch das Gehirn seiner Artgenossen, die er getötet hat, mit ritueller Vergnügsamkeit verzehrte (Bussenius 1950.317, Maerth 1971). In südwesteurasischen Gebieten werden Individuen gewisser Affensorten von dortigen Aboriginen wie gekochte Eier geköpft, und ihr Gehirn wird in wenigen Minuten als Delikatesse verzehrt; sie stärkt die körperlichen und mentalen Fähigkeiten der dortigen Menschen nach der örtlichen volkstümlichen Auffassung in ungewöhnlichem Maße. Wie dem auch sei, das getötete Tier ist als Aufbaustoff für den Menschen unentbehrlich, wie auch immer unsere heutige Moral diese makabre Tatsache verdrängen möchte (Illies 1971 und 1973). Um so mehr bedrückt uns der Umstand, daß der Mensch entwicklungsgeschichtlich eine Phase durchlaufen haben muß, in der er als Spezies ein dem tierischen ähnliches Leben führte. Die Hochachtung, die der Mensch vor dem Tier entweder im Ritual primitiver Religionen oder im Geist moderner Tierfreund-Mentalität erweist, ist dann letztlich nichts anderes, als Respekt vor sich selbst, seinem Vorbild und faktisch seinem Vorahn. Die rituelle Erhebung des Tieres zum Artgenossen scheint ein uralter Humanzug zu sein. Die neueste

Forschung weist eigenartigerweise immer mehr „humane" Fähigkeiten bei den Tieren („Anthropologie" des Tieres, Illies 1973) nach. Bisher als speziell menschlich angesehene Eigenarten sind demnach zumindest in Rudimenten, manchmal aber auch in entwickelter Form, bei den Tieren vorhanden. Dazu gehören auch Stimmapparat und Sprache, die uns hier in besonderem Maße interessieren. Lautproduktion und Semantik sind nicht von ihrer Struktur her, sondern lediglich von ihrem Entwicklungsstand her speziell human. Lungen, Larynx (oder Syrinx), Gaumen, Zunge, Lippen, die wichtigsten Organe der menschlichen Lautproduktion, sind verschiedentlich auch Tieren eigen. Die soziale Kommunikation der Tiere ist heute eine bekannte Tatsache, auch daß sie neben chemischen Zeichen, Gebärde, Mimik, Farb- und Geruchs-Aussonderung auch Lautprodukte für die Verständigung verwenden können. Die Lautproduktion der ranghöheren Wirbeltiere (Vögel, Säuger) hat klar erkennbare Semantik, die in Bettel-, Demuts-, Droh-/Lock-, Schreck-, Warn-, Imponier- usw. -lauten bestehen und psychologisch als emotionsfreie mentale Ausdrucksabsichten eingestuft werden können (s. auch 2.4 und Harnad 1976.14). Was die Humansprache über diese tierische akustische Kommunikation hebt, ist nichts anderes als die immense quantitative und qualitative Vervielfachung des Informationsgehalts sowohl der formalen-lautlichen Differenzierung als auch der inhaltlichen Vielfältigkeit nach. Die Semantik der tierischen Lautproduktion ist instinkt- und gefühlsgebunden, sie ist nur geringfügig differenziert, ihre Gehaltsdarstellung erscheint uns als primitiv. Das Humane der menschlichen Sprache besteht in Ausdifferenziertheit sowohl der Lautproduktion (s. Kapitel 2 in diesem Buch) als auch der Semantik nach (Kapitel 3), in der Durchorganisiertheit der Speicherung in den Ballungszentren des Nervensystems, in der disziplinierten Verdrängung des Emotionalen (Lockerung der Instinktstruktur) sowie in der Entfaltung einer sachbezogenen Kombinationsfähigkeit bei Abrufung und Verwendung der gespeicherten Informationsgehalte, die man Kreativität nennt. Diese Fähigkeiten besitzen Tiere nicht, oder wenn ja, nur in Rudimenten. Daß die humanen Sprachfähigkeiten während eines verhältnismäßig kurzen und teilweise gewiß rapiden Entwicklungsvorgangs in der rezenteren Zeit der Erdgeschichte erworben worden sind, kann kaum mehr angezweifelt werden (1.4.6). Ihre Ursachen werden durch das Toynbee-Prinzip hinreichend geklärt: dort, wo Natur und Situation dem Menschen eine Herausforderung bieten, lautet die Antwort der Fähigen: Entwicklung und Kultur. Daß der Mensch nun gerade den Stimm-Hör-Kanal zu seiner hauptsächlichen Kommunikationsfähigkeit und zum Vehikel seiner Denktätigkeit erhob, lag gewiß daran, daß dieser Entwicklungsvorgang in der anatomischen Struktur des Tierstadiums schon für solche Funktion vorprogrammiert war. Diese Struktur verlangte nicht mehr eine Planung, sondern nur noch die Ausführung des Plans; der Aufbau wurde dann in den anspruchstellenden geographischen Regionen der Alten Welt in einem vielfältigen Differenzierungsvorgang zu Ende geführt. Der Umstand, daß diese Differenzierung nur noch Varietäten und nicht mehr Spezies erzeugte, insbesondere auch im Vergleich zur Population der Wendekreisgebiete Afrikas, weist die Sprache als relativ rezentes Produkt aus.

1.3.5 *Mensch und Mensch: das soziale Gefüge und das Solitäre.* — Die soziale Umwelt des Menschen in ihren Humanbezügen wurde als wissenschaftliche Begleiterscheinung des Sozialismus, der seit anderthalb Jahrhunderten der beherrschende Faktor des menschlichen Zusammenlebens darstellt, wissenschaftlich intensiv untersucht. Der sprechende Mensch (homo loquens vgl. Révész 1946.200) ist nur in einem Gemeinwesen vorstellbar. Die Sprache ist daher ihrem Wesen und ihrer Entstehung nach ein ausgesprochen soziales Phänomen. Nicht nur die Klassiker des Marxismus-Leninismus (s. für ihre Ansichten die Zusammenfassung in Serebrennikov 1973.7 ff.), sondern auch z. B. solche westlichen Wissenschaftler wie Géza Révész (1878—1955), suchten die Sprachentstehung aus dem sozialen Bedürfnis des Menschen zu erklären. Révész bekannte „Kontakttheorie" (s. sein Buch: Ursprung und Urgeschichte der Sprache. Bern 1946, S. 110 ff.) gibt letztlich den sozialen Instinkt (Kontaktbedarf) des Menschen als ersten Impuls für die Entstehung der Kommunikation an. Die oft betonte Individualität des Menschen, die in der Hochentwicklung der Humansprache und den Hochkulturen eine bedeutende Rolle spielt, ist ebenfalls nur als Gegenstück zum Sozialen verstehbar. Das Tier lebt entweder sozial oder solitär, der Mensch kann dagegen sowohl sozial als auch solitär leben, die Abwechslung zwischen Gemeinschaftsleben und Alleinsein ist ein Humanzug. Nach der treffenden Formulierung von J. Bronowski ist der Mensch ein „soziales Einzelwesen" (Bronowski 1974.411), und mit dieser Eigenart unterscheidet er sich von allen Spezies der Tierwelt. Das Soziale ist im Menschen entwicklungsgeschichtlich primärer als das Solitäre. Bezeichnend ist, daß die Verhaltensforschung, die das Urtümliche im Humanbenehmen an Tieren untersucht, den Menschen grundsätzlich als Glied im Sozialgefüge betrachtet. Die solitären Fähigkeiten des Menschen werden entweder nicht untersucht oder als asozial abqualifiziert, obwohl wir es hier mit einem typischen Merkmal des Menschen zu tun haben, dem unsere gegenwärtige Zivilisation sehr viel — wenn nicht alles — zu verdanken hat. Wir gehen kaum fehl in der Annahme, daß die Abstraktion und ihre frühere Form, die Metapherbildung, sowie die Verdrängung des Emotionalen-Mythischen („gelockerte Instinktstruktur", Portmann 1973.182 und 185, Entmythisierung) in Handeln und Denken, sich anscheinend als Folge der solitären Fähigkeiten beim Menschen herausgebildet haben. Streng genommen, ist das Denken nichts anderes als fiktive Kommunikation, die einbildungsmäßig im Sozialgefüge, physisch jedoch außerhalb seiner Kompetenz in solitärer Abgeschlossenheit vor sich geht. Die humane Imaginationskraft, unsere Bilderwelt und die Millionen oder Milliarden von Informationseinheiten, die in unserem Gehirn gelagert sind, mögen zwar betont sozial- und umweltbezogen sein: verarbeitet, verwendet und weitergebildet werden sie jedoch in der solitären Tätigkeit des Einzelwesens. Allerdings tritt hier ein zusätzlicher sozialer Faktor in Erscheinung: Die Ergebnisse solitärer Verarbeitungen im Intellekt müssen mit einem prädestinativen Zwang dem Gemeinwesen weitergegeben werden. In diesem Sinne wird ein solitäres Geistesprodukt stets zum Allgemeingut des sozialen Gefüges. Dieser Zwang zur Weitergabe und zur Kommunikation, der das Solitäre vergesellschaftlicht, gibt dem Menschen und seiner Sprache ein betont soziales Gepräge. Trotz dieser absoluten Einbettung des Individuellen in das soziale Gefüge wäre es nicht vertretbar, die Bedeutung des Solitären in Denken und Humansprache unterzubewerten.

1.3.6 *Raum und Migration.* — Die Umwelt ist nicht beständig, auch die anorganische nicht, das beweisen die umwälzenden geotektonischen Veränderungen, die auch für die allerletzten Epochen der Erdgeschichte (1.3.2) vorausgesetzt werden können. Kontinentalverschiebungen, Erdachsenverlagerungen, Klimazonenveränderungen können neue Herausforderungen an die Menschen und somit an ihre Sprachen stellen. Nicht nur die sozialen Faktoren (Kriege, Bevölkerungsexplosionen, Hunger, Epidemie usw.) können zu Migrationen zwingen, sondern auch geographische oder ökonomische Gegebenheiten (Verschlechterung des Agrarlandes, Waldbrände, Flutkatastrophen, Austrocknungen wie im Falle der Sahara). Aus welchem Grunde auch immer Migrationen zustande kommen, sie spielen eine entscheidende Rolle bei der Entstehung der Sprechergemeinschaften. Heute werden vier- bis sechstausend Sprachgemeinschaften auf der Erde angesetzt, je nachdem wie wir die Grenze zwischen Dialekt und Sprache ziehen. Diese angestammten uralten Sprachen werden alle von natürlichen Sprechergemeinschaften getragen, deren Sprecherzahl zwischen einigen Menschen (z. B. Wotisch auf der Kaporie-Halbinsel im Gebiet Leningrad) und sechshundert Millionen variiert (Mandarin-Chinesisch). Mehrere tausend Sprachen — die sog. Kleinstsprachen — fristen die letzten Stunden ihres historischen Daseins, wodurch nicht wiederzugewinnendes Kulturgut verloren geht (vgl. Ural-Altaische Jahrbücher 48.262 und Décsy 1973.163—164). Alle Sprachen der Erde, auch die kleinsten, haben eine vollentwickelte Lautstruktur und Grammatik. In diesem Sinne gibt es keine primitiven Sprachen. Edward Sapir stellte schon 1921 fest: „Die primitivsten südafrikanischen Buschmänner drücken sich in den Formen eines reichen symbolischen Systems aus, das durchaus der Sprache kultivierter Franzosen vergleichbar ist." (Sapir 1921.29). Wenn wir gelegentlich den Ausdruck „primitive Sprache" benutzen, dann verstehen wir darunter ein Idiom, das in Wortschatz und sozialer Funktion noch nicht die Requisiten einer hochmodernen europäischen Sprache wie Englisch oder Deutsch besitzt. In ihrer Lautstruktur, Grammatik und Syntax usw. ist jedoch jede Sprache, auch die „primitivste", vollentwickelt und gleichwertig. Es ist schlechthin die Grundfrage jeglicher Kulturgeschichte, wie diese gewiß ganz ungewöhnliche Abstraktionsfähigkeit voraussetzende komplizierte phonetische und grammatische Struktur der vier- bis sechstausend Sprachen unserer Erde zustande kam. Hier müssen die Linguisten mit den Thesen der Abstammungslehre (Deszendenzlehre) operieren, die sich für die Erhellung vorgeschichtlicher Sprachentwicklung beinahe mehr eignen als für die Erklärung der anthropologischen Varietäten (Rassen). Werden Gruppen einer Art genügend lange Zeit gegeneinander isoliert, dann kann eine getrennte Entwicklung eintreten, die zum Schluß zur Entstehung einer neuen Art führt. Die notwendigen räumlichen Isolierungen der Menschengruppen, aus denen die heutigen vier- bis sechstausend Sprachen hervorgegangen sind, kamen seit dem Beginn der Menschenwerdung fortlaufend durch ständige Migration zustande. Das anatomische Instrumentarium (1.2.1 —1.2.6) und der grundlegende phonetische Baustoff der menschlichen Sprache sind überall auf der Erde im wesentlichen gleich; in diesem Bereich überrascht die universelle Ähnlichkeit. Differenzen mit klarer Plastizität treten erst in den entwicklungsgeschichtlich sekundären Erscheinungsformen wie Lautsequenz und grammatische oder syntaktische Struktur auf. Die große Ähnlichkeit in der Phonemstruktur aller Sprachen der Erde kann kein Zufall sein. Dies muß mit allem Nachdruck hervorgehoben werden, unabhängig davon, ob wir philosophisch einer Monogenese oder Polygenese bei der Entstehung des Lebens und der Sprachen auf unserer Erde beipflichten. Die richtige Erklärung ist wohl: Monogenese in der Lautproduktion, Polygenese in den höheren Strukturen. Da jedoch den Formen der Lautproduktion durch die anatomischen Organe Grenzen gesetzt sind, kann eine Monogenese in diesem primären Bereich ebenfalls nur theoretische Bedeutung haben. Die Vokal- und Konsonantproduktion muß einfach infolge des anatomischen Zwangs auch bei geographisch weit entfernten Gruppen schon im Anfangsstadium der Sprachentstehung zu gleichen Ergebnissen geführt haben. Übereinstimmungen im Lautbestand können daher nicht als genetische Beweise gemeinsamer Sprachherkunft gewertet werden, hier ist die Koinzidenz zwischen den verschiedenen Sprachen der Erde archetypisch (elementar), da durch Anatomie vorgezeichnet. Übereinstimmende Phonetik kann also zustande gekommen sein auch bei Menschengruppen, die keine Kontakte untereinander unterhalten haben und in voneinander sehr entfernten Gebieten beheimatet sind. Anders verhält es sich mit den Lautsequenzen oder Flexionsstrukturen: Übereinstimmungen in diesen höheren Bereichen können in der Regel nur bei gemeinsamer genetischer Abstammung in eher naher als ferner Vergangenheit, also bei echtem Zusammenleben, entstanden sein, obwohl die archetypische Koinzidenz wegen der Beschränktheit der strukturellen Variabilität auch hier eine nicht zu unterschätzende Rolle spielen kann (vgl. Greenberg 1957.49). Migration und räumliche Trennung sind Gegebenheiten, die wir auch schon für die Vormenschen (Vorneandertaler) der Alten Welt voraussetzen müssen, (die Neue Welt war im Vormenschzeitalter ja nicht bevölkert); territoriale Isolierungen führten durch Teilung zur Entstehung der Sprachen, der Varietäten (Rassen) und gewiß auch zahlreicher weiterer Merkmale (wie Blutgruppe, Augenfarbe, Haarfarbe usw.). Es ist nicht unsere Aufgabe, die entsprechenden Vorgänge hier darzulegen, wir begnügen uns mit der deszendenztheoretischen Feststellung, daß der Mensch im Gebiet des afrikanischen Wendekreises entstand und sich in den Territorien der nördlichen Halbkugel nach und nach in einer Jahrhunderttausende dauernden Entwicklung ausbreitete, die dann die Varietäten Weiß, Gelb und Mongoloid hervorbrachte. Vom nördlichen Eurasien wurde sodann die Neue Welt besiedelt, wahrscheinlich mit einem Menschentyp mongoloider Varietät, gewiß nicht früher als um 60 000 v. Chr. Die Besiedlung erfolgte nach der allgemeinen Auffassung über die Landverbindung, die zwischen Nordostasien und Alaska bei der heutigen Beringstraße bis um 15 000 v. Chr. bestand, oder aber — nach Festers Theorie — über die sog. Weiße Brücke zwischen Nordskandinavien und Westalaska, die erst mit der vermuteten Erdachsenverlagerung um 20 000 bis 15 000 (s. 1.3.2) im Meer untergetaucht sein dürfte. Die aus dem eisfreien Nordsibirien stammenden jungpaläothischen Migrationsgruppen zogen dann an der Westalaska-Küste nach Süden, wo sie günstige Siedlungsbedingungen vorgefunden haben dürften. Eins scheint hierbei ziemlich genau festzustehen: Die Besiedlung der Neuen Welt erfolgte in zwei Wellen. Die erste Welle, mit der ausnahmslos zur Blutgruppe 0 gehörigen Menschen in die Neue Welt kamen, brachte die Siedler bis nach Südamerika. Ihnen dürfte wahrscheinlich später eine anscheinend weniger bedeutende zweite Welle gefolgt sein, mit der Menschen der Blutgruppe A (und vielleicht zusätzlich 0) nach Amerika gelangten. Die Menschen der Blutgruppe A blieben in Nordamerika. Umfassende serologische Untersuchungen ergaben nämlich, daß die alte eingeborene Indianer-Bevölkerung Südamerikas ausschließlich zur Blutgruppe 0, die Nordamerikas zum größten Teil ebenfalls zur Blutgruppe 0 und nur zu einem geringen Teil im mittleren Rocky Mountains-Gebiet in den U.S.A. zur Blutgruppe A gehört (Bronowski 1974.93—94, Schwidetzky 1962.143). Wichtig ist noch hervorzuheben, daß es in Südamerika unter den eingeborenen Indianern keine Menschen mit tiefschwarzer Pigmenteinlagerung gibt, auch nicht im dortigen Wendekreis-Bereich. Offenbar benötigt man für die tiefschwarze Pigmenteinlagerung einen Aufenthalt von mehreren hunderttausend Jahren in der Wendekreis-Zone, wie es für die mittel- und südafrikanischen Negriden (Buschmänner-Hottentotten usw.) angenommen wird, für die südamerikanischen Indianer dagegen nicht in Frage kommen kann. Die gegenwärtigen Migrationstheorien der Weltpopulation und die Sprachherkunftsthesen scheinen sich also in der Richtung zu festigen, daß der Mensch in der afrikanischen Wendekreis-Zone entstand, sich in allen Regionen der Nordhalbkugel der Alten Welt (also in Eurasien) ausbreitete, hier vermutlich mit dem Zentrum Asien (speziell in dem lange Zeit eisfreien Nordsibirien) eine Kultur schuf (aus der dann das Neupaläothikum hervorging) und in mehreren Wellen sowohl Europa als auch Amerika besiedelte, wobei er frühere und weniger entwickelte Gruppen seiner Spezies (Neandertaler) assimilierte. Freilich muß eine solche globale siedlungsgeschichtliche Theorie, die hunderte von Jahrtausenden umfaßt, durch weitere Forschung bekräftigt werden. Es scheint allerdings, daß das Prinzip der Massenentfaltung auch auf den Menschen zutrifft: Gelangt er über die Verbreitungsgrenzen seines Ursprungsgebietes, vermehrt er sich und seine Kulturleistungen — freilich nur unter günstigen ökologischen Bedingungen — in ungewöhnlichen Proportionen (Remane 1973.19).

1.4 *Grundbegriffe der Sprachherkunftsforschung.* — Aufgrund der obigen Darlegungen (1.1 bis 1.3.6) fassen wir thesenartig zusammen, was wir in diesem Buch unter Sprachentstehung und Sprachherkunftsforschung verstehen.

1. Als Sprache wird von uns lediglich die hochentwickelte menschliche Kommunikation angesehen, die durch den Stimm-Hör-Kanal vor sich geht.

2. Die Stimmproduktion der Tiere, auch wenn sie aufgrund einer sehr humanähnlichen Anatomie vor sich geht (wie bei den nonhumanen Primaten), gehört nicht zur Sprachherkunftsforschung.

3. Die anatomische Organisation der Sprachwerkzeuge (Lunge, Kehlkopf, supralaryngaler Vokaltrakt, P-L-Höhle, Mundhöhle, Nasenhöhle, Gaumen, Rachenwand, Kiefer, Lippen, Zähne, Zunge) und ihre Entstehungsgeschichte kann auch nicht als zentraler Teil der Sprachherkunftsforschung angesehen werden. Die Kenntnis ihrer speziell humanen Ausformung und ihres Funktionierens ist allerdings unabdingbare Voraussetzung hierbei. Sprachentstehung und Sprachherkunftsforschung setzen wir erst an dem Punkt an, an dem der homo als Mensch durch gut funktionierende Sprachwerkzeuge und mentale Speicherungs- sowie Kombinationsfähigkeit Eigentöne, Laute oder Lautsequenzen bildet und sie durch den Stimm-Hör-Kanal mit entemotionalisierter nichtimperativischer Verständigungsabsicht seinen Mitmenschen mitteilt.

4. Das Grundproblem der Sprachherkunft ist demnach die Entstehung der Laut- und Lautsequenzproduktion im Verlauf der Artikulationsdifferenzierung sowie die Verbindung der Laute und Lautsequenzen mit entemotionalisierten und entimperativisierten Sachbedeutungen. Dementsprechend gliedert sich die Sprachherkunftsforschung in Phonogenese/Paläophonetik (weiter unten 2) und Semogenese/Paläosemiotik (weiter unten 3).

5. Sowohl bei der Phonogenese/Paläophonetik als auch bei der Semogenese/Paläosemiotik gelten die Erklärungsprinzipien der Evolutionslehre: aus dem Einfacheren entsteht das Höherentwickelte, aus dem Ungegliederten das Abgestufte und Differenzierte (Jakobson 1942.54). Wir gehen von sehr einfachen Elementarformen aus, von denen die differenzierteren Elemente durch Spaltung (Bifurkation) oder durch Additionalphänomen abgeleitet werden können. Bei der Phonogenese wird durch eine neue Wertung der Laryngaltheorie (2.1) ein vokalisch-konsonantischer Grundlaut festgelegt. Aus diesem Urvokal-Urkonsonanten („Vokonsonant"), der als Weltformel der Primaten-Phonation gelten dürfte, können durch Differenzierung alle Laute der humanen Artikulationspalette abgeleitet werden. Bei der Semo-

genese steht uns noch keine „Weltformel" zur Verfügung; unter Zuhilfenahme der Entwicklungslehre und der Lehre über die Sprachuniversalien
können jedoch in minutiöser Kleinarbeit „Urbedeutungen" durchaus erschlossen werden. Die entsprechenden Prinzipien werden eingangs des Ka-
pitels 3 erläutert.

6. Ergänzend zu dem chronologischen Gerüst (1.1) sei vermerkt, daß die
Humansprache eine Leistung der sog. Jungpaläolithiker sei, die in Europa
den sog. Neandertaler seit frühestens 70 000 v. Chr. verdrängt oder absorbiert haben. Insbesondere die Zeit zwischen 40 000 und 30 000 zeichnet
sich durch eine ungewöhnliche Beschleunigung des mentalen Entwicklungs-
tempos aus (Lieberman 1975.180). Es unterliegt also keinem Zweifel, daß
die Sprachfertigkeiten des Menschen um diese Zeit schon hochentwickelt
gewesen sein müssen. Die entsprechenden Merkmale des Neandertalers
waren dagegen 20 bis 30 000 Jahre zuvor noch kaum über das Niveau
der ranghöheren Primaten hinausgegangen (Lieberman 1975, passim).
Trotzdem ist es begründet, den Unterschied zwischen Neandertaler und
Neupaläolithiker eher chronologisch als spezies-spezifisch aufzufassen. Die
Vorfahren der Jungpaläolithiker müssen auch schon während der Neander-
taler-Zeit (150 000 bis 70 000 Jahre) in einem von der Archäologie noch
nicht erfaßten Gebiet existiert haben, und sie können zu jener Zeit kaum
entwickeltere Sprachfähigkeiten besessen haben als die Neandertaler. Freilich kann die These, daß die Jungpaläolithiker irgendwo in Sibirien
aufgrund des Toynbeeschen Prinzips unter besonders schwierigen Verhältnissen ihre intellektuellen Fähigkeiten entfaltet und dann die Alte und
Neue Welt ab etwa 70 000 erobert hätten, kaum in toto als zutreffend
bezeichnet werden. Die Tiefschwarz-Populationen der afrikanischen
Wendekreis-Zone besitzen die gleichen Sprachfähigkeiten, wie die hell-
häutigen Jungpaläolithiker-Nachkommen der nördlichen Alten Welt und
der Neuen Welt. Eine These, daß ihre Vorfahren nach Norden abgewan-
dert und dann ihre späteren Generationen wieder nach Afrika eingewan-
dert wären, ist kaum vertretbar. Wie dem auch sei, müssen wir davon
ausgehen, daß die Sprache im Sinne des Punktes 1.4.1 (s. oben) zwischen
40 000 und 30 000 v. Chr. überall bei sämtlichen Menschenrassen der Erde
etwa gleichzeitig aufkam, auch bei Gruppen, die voneinander weit entfernt
abgesondert waren. Die anatomische und soziale Entwicklung war damals
so weit fortgeschritten, daß der Mensch zu sprechen begann. Auch die
Neandertaler hätten wohl um die gleiche Zeit sprechen gelernt, wären sie
nicht schon etliche Jahrzehntausende zuvor ausgestorben oder in der Varietät (Rasse) der Jungpaläolithiker aufgegangen.

2. Phonogenese/Paläophonetik

Die beiden Ausdrücke sind synonym, dennoch wird Phonogenese (modelliert nach Glottogenese) bei Darstellung von Vorgängen, Paläophonetik (nach Paläolinguistik) bei Beschreibung von Zuständen bevorzugt. Die mögliche Bildung Phonogonie (nach Kosmogonie und Glottogonie) blieb wegen ihrer Unhandlichkeit außer Betracht. Die Entstehung der Lautsequenzen (2.3) gehört streng genommen nicht in die Phonogenese, sondern stellt eine im wesentlichen morphologische Angelegenheit („Morphogenese") dar, dennoch wird sie in diesem Kapitel behandelt, und zwar aus zwei Gründen: Zum einen ist sie mit dem Phonembestand unlösbar verbunden und zum anderen hat sie in ihrem Anfangsstadium eine unbedeutende und/oder schwer erschließbare Semantizität. In den ersten Lautsequenzen kann man kaum mehr erblicken als eine zufällige und willkürliche Aneinanderreihung von Vokalen und Konsonanten vorerst ohne besonderen Signalwert im Vergleich zu allein dastehenden Einzellauten. Näheres hierzu in 2.3.

2.1 Der Laryngallaut als Urschall und Urlautkontinuum

1. *Laryngaltheorie und Phonations-Entstehung.* — Die Laryngaltheorie ist aufgrund der Erkenntnisse des Schweizers Ferdinand de Saussure (1857 —1913), durch die Dänen Ferdinand Möller (1850—1923) und Holger Pedersen (1867—1953), den Polen Jerzy Kurylowicz (geb. 1902) sowie die Franzosen Albert Cuny (1870—1947) und Emile Benveniste (geb. 1902) während der letzten 60 bis 70 Jahre nach und nach ausgearbeitet, vervollkommnet sowie zu einem zentralen Erklärungsprinzip der indogermanischen vergleichenden Laut- und Formenlehre erhoben worden (zur Entstehungsgeschichte s. Szemerényi 1973.1—25). Durch die sehr komplizierte Hypothese, die seit Möller und de Saussure in der Indogermanistik zahlreiche Modifikationen und Neubewertungen erfuhr, konnten die folgenden Probleme der indogermanischen Grundsprache einer Lösung nähergebracht werden: Der eigenwillige Status von ə; 2. Die Vokallänge bei e, o und a; 3. Unerwartetes a und o in gewissen Positionen; 4. Wurzeln mit Vokalanlaut; 5. Die Herkunftsfrage der idg. stimmlosen aspirierten Verschlußlaute. Von Belang ist sie auch für das Brugmannsche Gesetz im Sanskrit und für die vorvokalische Vokalresonanz (Anttila 1972.172) sowie für die Erklärung der idg. Ablautreihen (Szemerényi 1970.114 ff.). Trotz ihrer vielseitigen Verwendbarkeit ist die Laryngaltheorie ein Prinzip, das in der Indogermanistik mehr Probleme geschaffen als gelöst hat. Alle Erklärungen, die auf der Laryngaltheorie beruhen, sind in der Indogermanistik zumindest umstritten. Nach meiner Auf-

fassung (s. Ural-Altaische Jahrbücher 47.238), ist im Laryngallaut jenes vokalisch-konsonantische Urphonem zu erblicken, das den Phonationsgrundstoff der Lautproduktion der Kehlkopf-Wirbeltiere (das sind alle Wirbeltiere mit Ausnahme der Vögel) abgibt. Ohne das imponierende, zugleich aber sehr labile Lehrgebäude, das in der Indogermanistik unter dem Namen Laryngaltheorie errichtet wurde, in Frage zu stellen, soll hier eine ertragsträchtigere Verwendung des berühmten Erklärungsprinzips versucht werden, die der saussureschen Einsicht in ihrem ursprünglichen Sinne gerecht werden möchte: Laryngaltheorie und Laryngallaut geben uns den Schlüssel nicht zu einer Neubetrachtung des Indogermanischen, sondern zur Erklärung der Herkunft der humanen Lautproduktion überhaupt in die Hand.

2. *Das vokalisch-konsonantische Urlautkontinuum der kehlkopfwirbel-tierischen Lauterzeugung*: HE/EH. — Die Zeichen HE und EH beruhen auf der in der Indogermanistik üblichen Bezeichnungsweise für die Laryngallaute. Jahrzehntelang war es umstritten, ob der Laryngallaut als ein Vokal oder als ein Konsonant anzusehen sei: Zuerst faßte man ihn als Vokal, später als Konsonanten auf. Aufgrund der heutigen Kenntnisse ist es begründet, im Laryngallaut zu gleicher Zeit einen Vokal und einen Konsonanten zu sehen: Er ist das undifferenzierte Urlautkontinuum mit den Merkmalen einer Entwicklungsstufe, bei der noch kein Unterschied zwischen Vokal und Konsonant in heutigem Sinne vorhanden gewesen sein kann. Auch die indogermanische Laryngaltheorie erkennt heute diesem Urlaut sowohl vokalische als auch konsonantische Fähigkeiten zu (Szemerényi 1973. passim). Es ist schwierig, dieses Urlautprodukt, das bis heute ein typisches, jedoch in vielem verkanntes Merkmal der menschlichen Phonation darstellt (vgl. 2.1.3), nach den heutigen Prinzipien der Lauteinteilung in Vokale und Konsonanten zu deuten (s. auch 2.2.5). Der Laryngallaut wird im Kehlkopf gebildet, bei offensichtlicher Passivität (Neutralstellung) der Resonanzhöhlen und der Artikulationsorgane. Er ist der primärste und einfachste Laut der Larynx-Wirbeltiere (das sind die höheren Tiere mit Ausnahme der Vögel; die Lautproduktion der Vögel basiert ja auf dem Syrinx-Prinzip, vgl. 1.2.1), der von Fröschen, Affen, Kleinkindern und auch von erwachsenen Menschen häufig produziert wird (2.3). Seine Transkription bereitet Schwierigkeiten, da unsere Schrift nur auf die Bezeichnung tonspezifisch differenzierter Vokale mit klarem Eigenton und klar gebildeten Konsonanten eingerichtet ist. Die obige Bezeichnung HE oder EH ist auch unvollkommen, da es hier nicht um eine Lautsequenz Konsonant + Vokal (K + V, d. h. HE) oder Vokal + Konsonant (V + K, das wäre EH), sondern um ein Lautprodukt geht, das

> zu gleicher Zeit Vokal und Konsonant ist; das Vokalische und Konso-nantische tritt bei ihm also nicht in zeitlicher Abfolge, sondern simul-tan auf

zu gleicher Zeit Explosiva (Verschlußlaut) und Spirant (Reibelaut) sein kann

zu gleicher Zeit stimmhaft und stimmlos ist

zu gleicher Zeit als Nasal- und Orallaut interpretiert werden dürfte

Um wenigstens die Homorganität bei der Bildung anzudeuten, müßten wir H und E oder E und H untereinander schreiben. Dies ist aber aus drucktechnischen Gründen nicht möglich. Als Behelfslösung gibt man dieses Lautprodukt in den herkömmlichen Orthographien in der Regel als *h* oder *e* (evtl. *ö*) wieder. Artikulatorisch steht das *h* und das *e* (oder *ö*) noch am nächsten diesem Urlautkontinuum, das aber keineswegs mit den genannten Lauten identisch ist. Eins ist hier nur sehr wichtig: dieses Urlautkontinuum wird im Kehlkopf in der klassischen *h*-Stellung der Stimmbänder ohne wahrnehmbare Beteiligung der sonstigen Sprachwerkzeuge erzeugt. Auch wenn wir die Zunge, die Lippen, die Zähne usw. in eine Hindernisstellung bringen, wird dadurch der Charakter des HE/EH nicht wesentlich beeinflußt. Eine differenziertere Bildung dieses Lautproduktes ist an und für sich nicht möglich. Seine phonetische Bewertung nach modernen Prinzipien der Humanphonetik führt zu einer substitutiven Zuordnung zu einem der gutbekannten Phoneme, gewöhnlich dem *e* (*ö*) oder dem (an sich spirantischen und stimmlosen) *h*. Eine solche Apperzeption verdeckt aber den ursprünglichen phonetischen Charakter des HE/EH; das ist der Grund dafür, warum dieses Urlautkontinuum lange Zeit unerkannt oder verkannt blieb.

2.3 *Heutige differenziertere Realisationen und/oder Interpretationen des* HE/EH. — Es ist kein Zufall, daß der phonetische Charakter des Laryngallautes in der Indogermanistik aufgrund des Lautbestandes der semitischen Sprachen erkannt wurde; dies ist den scharfsinnigen Beobachtungen und Erkenntnissen von Hermann Möller zu verdanken (vgl. Szemerényi 1973. passim). Bedauerlicherweise weiß man bis heute nicht, daß verschiedene Realisationen des HE/EH in der Lautproduktion der Kehlkopfwirbeltiere und des Menschen klar erkennbar vorhanden sind. Die Zusammenstellung der konkreten Beobachtungen würde Bände füllen, wir beschränken uns daher hier nur auf die Auflistung der einleuchtendsten Fälle, im großen und ganzen in aszendenztheoretischer Reihenfolge, also ausgehend von den späten und sekundären — heute jedoch allgemein verbreiteten — Realisationsformen, um dann zurückschauend und aufsteigend zu den primären und ursprünglichen Produktionsstrukturen zu gelangen. Die wichtigsten erwähnungswerten Fälle und Erscheinungsformen dürften sein:

1. Das vokalische Schwa und das konsonantische Aleph sowie Hamza etc. der semitischen Sprachen, die Hermann Möller zu einer phonetisch richtigen Bewertung des indogermanischen Laryngallautes geführt haben. Sie

sind die ersten Lautprodukte des humanen Neugeborenen, wie es O. C. Irwin feststellte. Im Alter von ein bis zwei Monaten produziert das Kleinkind nämlich zu 45 % *h*, zu 40 % Glottal stop and ca. 15 % *k/g* (infantile
vocalization). Im fünften bis sechsten Monat wird *h* mit 60 %, der Glottal
stop mit ca. 20 % und *k/g* mit ca. 20 % vertreten, die inzwischen erlernten
Konsonanten *b/p*, *m*, *w* und *d/t*, *n*, *r* kommen auf ca. 4 % (dabei *n* und *r*
auf nur 1 %). Im neunten bis zehnten Monat hat *h* noch immer mehr als
40 % und der Glottal stop 6 % inne. Im neunzehnten bis zwanzigsten
Monat sinkt *h* auf 21 % und der Glottal stop auf 1 bis 2 %, da es sich inzwischen das normale Konsonantenrepertoire im wesentlichen angeeignet
hat. Die Laryngallaute sind also die ersten Lautprodukte des Kleinkindes
bis in das zweite Lebensjahr hinein (Irwin 1957, vgl. auch Rosenkranz
1971.27). Jakobson hat — teilweise aufgrund der Hinweise von J. Lotz —
schon in den 40er Jahren erkannt, daß „die Lallperiode des Kindes an
velaren und Vordermundlauten reich ist" (Jakobson 1942.53).

2. Der sog. reduzierte Vokal der westeuropäischen Sprachen und der konsonantische Stimmbandverschluß (Glottal stop) zahlreicher europäischer
Sprachen, die in den Orthographien entweder unvollkommen (als *e*, z. B.
im Deutschen *vergangen*, englisch *bi**r**th* 'Geburt') oder (konsonantisch)
überhaupt nicht bezeichnet werden; so u. a. der sog. harte Einsatz im Büh-
nendeutsch, der in jeder Silbe mit Vokalanlaut reflexmäßig erscheint
(Dieth 1950.106). Ähnliches ist dialektal in vielen Sprachen, so auch im
Englischen, verbreitet. Franzosen können diesen „orthographisch unsicht-
baren" Konsonanten nicht sprechen (Dieth 1950.97 ff.).

3. Das *h*, bekannt in vielen Sprachen (nicht aber z. B. in den romanischen),
das als eine konsonantisch-spirantische Aussonderung des Urlautkontinuums gelten dürfte. Oft wird es als unpaarig-stimmlos eingestuft, obwohl
es auch stimmhaft auftreten kann, nur ist es schwierig, die Stimmhaftigkeit
in seiner Artikulation nachzuweisen (ausführlich hierüber Laziczius 1961.
61). Bisher sind stimmhafte *h* im Finnischen festgestellt worden, vorwiegend im Anlaut vor Vokalen und in intervokalischer Position: (*h*ieno
'fein', ra*h*a 'Geld', stimmlos dagegen inlautend vor stimmlosen Konsonanten, z. B. la*h*ti 'Bucht'). In den finnischen Lehnwörtern des Russischen
(dialektal) haben die beiden *h* unterschiedliche Vertretungen (raga 'Geld',
aber la*kh*ti 'Bucht'). Das *h* ist die spirantisierte Variante des (explosiven)
Stimmbandverschlusses, dessen Aussprache man sich am leichtesten so an-
eignen kann, daß wir ein sehr kurzes *h* sprechen. Wahrscheinlich erscheint
das *h* in der gesprochenen Sprache intervokalisch oft als Explosivlaut (d. h.
als „Glottal stop"). Ein stimmhaftes *h* gibt es auch im Ukrainischen
(Kyrillisch г) und — zumindest als Assimilationsprodukt — im Tschechi-
schen und Slowakischen.

4. Humane Begleitlautprodukte der folgenden Gebärden und Regungen:
Weinen/Lachen (für den semantischen Wert s. Kapitel 3), Husten, Niesen
(stark nasalierte Variante), Stöhnen (entweder inspiratorisch oder re-

spiratorisch), Schnarchen, Schnäutzen, Räuspern, Küssen, verschiedene Schrei-Typen mit diversem semantischen Wert (sofern sie kein *a*, *o*, *u* oder *i* enthalten). Eine systematische phonetische Beschreibung der lautlichen Seite dieser humanen Ausdrucksweisen ist m. W. noch nicht durchgeführt worden (vgl. Anfänge bei Kempelen 1971.112, 170 usw.). Die Lautäußerungen bei Weinen, Lachen, Husten, Niesen und Stöhnen werden auch schon von dem Humansäugling bald nach der Geburt produziert.

5. Alle Lautprodukte der nonhumanen Primaten sowie der rangniedrigeren Kehlkopfwirbeltiere, die gewöhnlich als Begleit-Phonationen bei Gebärden, Mimik usw. erzeugt werden (vgl. hierzu 2.3.4). Artikulationscharakter, Spektogramm und akustischem Eindruck nach entsprechen diese tierischen Stimmprodukte weitgehend den unter 2.3.4 erwähnten humanen Schalläußerungen: Die Unterschiede sind hier nicht „speziesspezifisch", sondern intensität- und tonhöhenmäßig (s. 2.4). Vergleichsmaterial ist hierzu in zahlreichen neueren Publikationen mit spektographischen Tabellen über humane und tierische Lautproduktion zu finden (vgl. zumindest Lieberman 1975.83 ff.).

6. Die meisten alltäglichen nichtstimmlichen Geräusche (Rascheln, Knistern, Rauschen, Klatschen, Schaben, Kratzen), die innerhalb der menschlichen Gehörsempfindung (zwischen 20 und 20 000 Hertz) bleiben, machen akustisch den Eindruck eines EH/HE-Lautes auf unser Ohr. Es ist kein Zufall, daß der sog. Stimmbandverschluß im Deutschen volkstümlich oft „Knack-Laut" genannt wird (Dieth 1950.97); er erinnert nämlich in der Tat sehr an ein sehr starkes plötzliches Geräusch („Knall, Knack"). Der Vormensch oder Urmensch, als er zu sprechen begann, konnte die Geräusche der Natur und die Stimmprodukte der Tiere (ohne Vögel) am besten durch HE/EH wiedergeben. Natur-Geräusche, die als *u*, *o*, *a* oder *i* aufgefaßt werden können, sind innerhalb der humanen Gehörsempfindung selten. Diese Beobachtung könnte durch experimentelle Untersuchungen gewiß bestätigt werden. Das HE/EH als Naturgeräusch dürfte also akustisch schon in einer Zeit existent gewesen sein, als die Wirbeltiere durch den Kehlkopf noch keine Geräusche erzeugen konnten. Das HE/EH ist somit das „Urschallkontinuum" nicht nur für den Menschen, sondern für die ganze Natur von Anfang der Zeiten an. Es kam in einer urzeitlichen Epoche zustande, als die Luft — der wichtigste gasförmige Schalleiter unserer Umwelt — entstand und die Schwingungen fremder Geräuschquellen als sehr feine Taktilzeichen zur Wahrnehmung zunächst dem Tastsinn und viel später dem entsprechend entwickelten Ohr der Lebewesen zuzuleiten begann.

2.4. *Das HE/EH und seine primäre Variabilität.* — Wenn wir nach Variationsmöglichkeiten suchen, die eine unterschiedliche Erzeugung des Urschalls durch die Kehlkopftätigkeit ermöglichen, dann bieten sich in erster Linie Druckstärke, Länge (Dauer) und Ton(höhe) als mögliche „Modulations-

faktoren" an. Diese von Laziczius Lauteigenschaften genannte Merkmale
(Laziczius 1961.114) scheinen heute eine untergeordnete Rolle in unseren
Sprachen zu spielen. Dies ist aber nur ein scheinbarer Eindruck, da ohne
Druck, Dauer und Ton(höhe) keine Lautproduktion möglich ist. Die drei
Lauteigenschaften sind in jeglichem Phonationsvorgang vorhanden, ihre
grundlegende Bedeutung wird jedoch durch die hochentwickelte Klangfarb-
Gliederung der modernen Sprachen verdeckt. Entstehungsgeschichtlich wichtig
ist der Umstand, daß Lautstärke, Lautdauer und Tonhöhe im Kehlkopf ohne
das Vorhandensein oder Betätigung der supralaryngalen Organe erzeugt werden können. Ein sehr kurzes Geräusch nennen wir Knallen, somit sind Geräusche nebeneinandergereihte (länger andauernde) Knallaute (in Erzeugung
des humanen Stimmapparates). Das Bild der Druckschwankungen der Luft
beim Knallen kann graphisch wie weiter unten veranschaulicht werden:
(Nr. 1). Geräusche (2) und Klänge (3) zeigen folglich ein anderes Bild. Tönen
ist ein regelmäßiges zeitlich in Phase und Amplitude einander genau entspre-
chendes Aneinanderreihen von Schalleinheiten (Nr. 4).

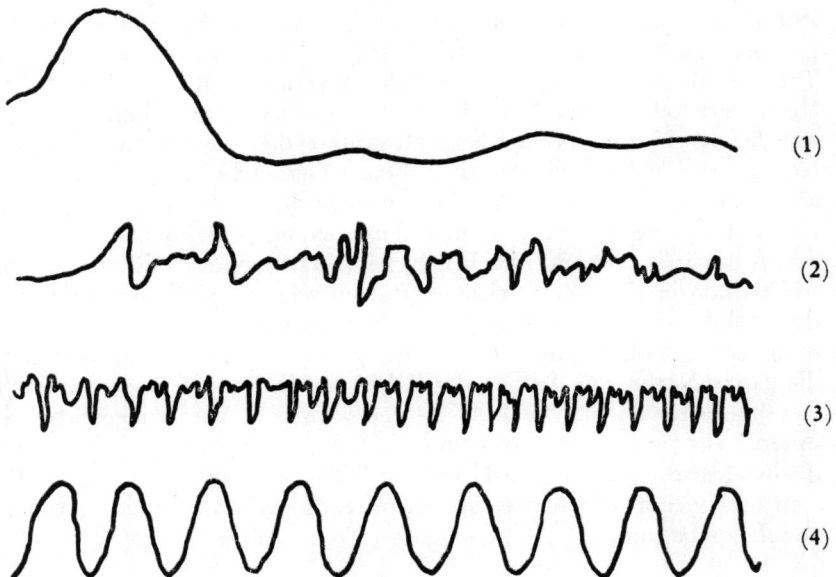

Abb. 1. Das akustische Bild der vier Schalltypen: (1) Knallen, (2) Geräusche,
(3) Klänge, (4) Tönen

Von diesen offensichtlich uralten vormenschlichen akustischen Lauteigenschaften (Geräuscheigenschaften) scheint uns die Druckstärke am altertümlichsten zu sein. Preßt man eine größere Lufttmasse mit s t ä r k e r e r Lungenmuskeltätigkeit durch den Kehlkopf, dann entsteht ein unterschiedlicher Knallaut. Ob ein Naturgeräusch laut ist oder leise, ist eine Einsicht, die nicht nur durch das Humangehör, sondern — zumindest in Extremfällen — auch durch den Tastsinn wahrgenommen werden kann. Diese Erfahrung dürfte den Urwirbeltieren, den Vormenschen oder Menschen den Stimulus für die Variierung der Druckstärke (Geräuschstärke, in stimmlicher humaner Realisierung: Lautstärke) gegeben haben. Daß diese Varianten schon sehr früh für semantische Differenzierungen verwendet worden sein dürften, beweisen die Forschungen von R. R. Capranica (1965) und die elektrophysiologischen Untersuchungen von L. S. Frishkopf sowie M. H. Goldstein (1963), die für den Brüllfrosch (Rana catesbeiana) bei verschieden starken Stimmprodukten unterschiedliche Signalwerte ermittelt haben (Liberman 1975.156). Die Differenzen in der Phonation dürften beim Brüllfrosch ausschließlich in der Lautstärke bestehen, die Annahme artikulatorischer Unterschiede kann hier kaum zutreffen. Die Erkenntnis, daß das Urlautkontinuum HE/EH auch ohne Klangfarbe und supralaryngalen Vokaltrakt variabel ist und die so erzeugten Varianten durch verschiedene semantische Signalwerte verbunden werden können, ist demnach eine Einsicht der vormenschlichen Entwicklungsstadien. Ähnliche Signalwerte sind in der sozialen Kommunikation der Tiere übrigens auch für nichtstimmliche Geräusche nachgewiesen worden (Marler 1973.54). Neben Druckstärke können sehr früh auch Länge (Quantität) und Tonhöhe (Intonation) für Bedeutungsunterscheidung von Tier und Vormensch verwendet worden sein, zunächst ohne semantische Absicht, einfach aus Spieltrieb. Daß derartige „Spielarten", die ursprünglich mit keiner Sonderbedeutung verbunden zu sein brauchten und nach unserer heutigen Terminologie nur Varianten sind, sehr leicht sozial relevante eigene Signalwerte erhalten können, ist eine allgemein bekannte Tatsache. Druck, Zeitdauer und Ton sind also Merkmale, die schon in der Vorsprachzeit durch Variierung des Urlautkontinuums das Zustandekommen eines bestimmten Varianten- und Zeichenvorrats ermöglichten. Preßten Tier oder Vormensch eine größere Luftmenge mit intensiverem Druck und etwas länger aus der Lunge durch den Kehlkopf, dann hatte dies etwas anderes zu bedeuten als nur ein plötzlicher Schrei oder Stöhnen. Und wenn schon ein bestimmter geringer Zeichenvorrat in einer kleineren oder größeren sozialen Einheit vorhanden ist und als verbindliches Kommunikationsmittel allgemeine Verwendung findet, wird seine Vergrößerung von Spieltrieb, wirtschaftlicher Notwendigkeit, Prestigebedürfnis usw. getragen, nur noch eine Frage der Zeit. Ähnlich dem Morse-System dürften nicht nur kurz und lang, sondern auch das wiederholte kurz und lang unterschiedliche semantische Signalwerte erhalten haben. An diesem Punkt sind wir schon an der Bildung der Lautsequenz, die dann zur Grundlage der modernen Wortschöpfung wurde (2.3). Die Lautsequenz bedeutet nämlich Silbe, und die Silbe Wort. Es ist sicher, daß Vormensch und Mensch, nachdem sie die Variabilität des Urlautkontinuums nach Druckstärke, Länge und Tonhöhe erkannt hatten, sehr bald zu einer sequenzartigen Verwendung dieser Kombinationsmöglichkeiten übergegangen waren. Daß aber hier einzelne kleinere soziale Gemeinschaften unterschiedlich verfahren sind, dürfte in Kenntnis der außerordentlichen Rolle, die das Geheimsprache-Prinzip in der Geschichte der Humankommunikation spielte, kaum umstritten sein. Für jede vorhumane oder humane soziale Einheit, ob Clan, Familie, Horde, Stamm, Nation, Schülerverein oder politischer Geheimbund, ist das Vorhandensein eines eigenen Sonderzeichensystems, das für die Artgenossen außerhalb des eigenen Gemeinwesens unverständlich ist, eine Existenzfrage. Die Sprachspaltungen dürften nach dieser These so alt sein, wie das Urlautkontinuum und seine Variabilität: sie gehören mit ihren Anfängen nicht in die Zeit intellektueller Wortfindung und Wortbildung, sondern in eine Epoche, in der der Mensch oder „Mensch in spe" noch in seinen Handlungen ausschließlich durch Instinkte gesteuert wurde. Insofern dürfte eine absolute Monogenese der heutigen Sprachen als unhaltbar angesehen werden. Wir können die vier bis sechstausend Sprachen unserer Erde keinesfalls auf eine Ursprache zurückführen, die vor vierzig, sechzig oder hunderttausend Jahren von einer einheitlichen Sprechergemeinschaft gesprochen worden wäre. In die Sprachentstehung war die Vielfalt der Sprachen von vornherein sozial-instinktiv hineinprogrammiert. Die Sprache ist und war stets das Kommunikationsmittel der eigenen sozialen Gruppe, ein Absonderungsmerkmal, dessen Besonderheiten von Anfang an von der sozialen Einheit und ihren Mitgliedern bewußt gepflegt und vermehrt wurden. Spaltet sich eine Gruppe von der mütterlichen Sprachgemeinschaft ab, dann ist es ihre vornehmste Aufgabe, die ererbte Sprache so zu verändern, daß sie als eigenständiges Idiom angesehen werden kann. Die Beispiele, die uns heute die Norweger, Slowaken, Ukrainer, Okzitaner vor Augen führen (s. Décsy 1973.161 ff.), sind Revelationen eines uralten Humaninstinkts. Die Erkenntnis, daß das Urlautkontinuum nach einem Primärmuster (Ton, Intensität, Quantität) variabel ist, kann somit als die Geburtsstunde des Babel-Komplexes angesehen werden. Da der Mensch wohl erst mit dem Römischen Imperium und dem Chinesischen Kaisertum begann, solche Großreiche zu organisieren, die eine fremde Einheitssprache ihren Untertanen aufzwingen, ist es selbstverständlich, daß hunderte von Jahrtausenden lang die relative Kleingemeinschaft die natürliche soziale Organisationsform der Menschen in der Alten und auch noch in der Neuen Welt gewesen ist. Die ganze Zeit seiner Ur- und Vorgeschichte hat der Mensch in Kleingemeinschaften zugebracht, von denen es von Anfang der Zeiten an stets tausende gab. Und sie sonderten sich stets bewußt oder unbewußt sprachlich voneinander ab. Die Vielsprachigkeit ist ein selbsttätiger Begleitmechanismus der humanen Sozialgeschichte. Jede Gruppe, die etwas auf sich hält, schafft ihre eigene Sprache — ob in Lautsequenz oder nur in sonderbarem Vokabular, spielt hierbei keine Rolle. Die Eigensprache ist das soziale Bedürfnis der

Gruppen, die fähig sind, sich politisch zu organisieren. Daß ein solcher Trend schon in einer Zeit vorhanden war, als noch nicht der Klang, sondern ausschließlich die primären Lauteigenschaften Druckstärke, Zeitdauer und Tonhöhe die linguistische Variabilität und damit Varietät ermöglichten, erscheint auf den ersten Blick überraschend. Die gegenwärtige sprachliche Vielfalt unserer Erde ist aber letztlich nichts anderes als nur eine quantitativ ins Immense gehende differenzierte Ausbreitung der linguistischen und sozialen Variabilität der sprachlichen Grundzeichen, vertreten durch das HE/EH und seine drei Lauteigenschaften Druckstärke, Zeitdauer und Tonhöhe. Für das hohe Alter der Lauteigenschaften — insbesondere der Intonation — beim Menschen besitzen wir übrigens auch einen gehirntopographischen Beweis: Der Tscheche L. Zgusta hat betont, „daß die Intonation auch beim Menschen an das Kleinhirn gebunden ist" (Rosenkranz 1971.148). Es wird angenommen, daß sich die Steuerungszentren für uralte Tätigkeiten mit der Ausbildung des Neopalliums beim Menschen aus dem Kleinhirngebiet in das Großhirn verlagert haben. Daß aber die Lauteigenschaften diesem Trend nicht oder nicht in vollem Umfang gefolgt zu sein scheinen, spricht für ihr hohes Alter und ihre Altertümlichkeit in der menschlichen Kommunikation. Genaues hierüber können freilich nur elektrophysikalische Untersuchungen (Encephalogramme) bezüglich der Tätigkeitsgebiete des Gehirns bei Druckstärke, Länge und Ton der Lautbildung bringen (s. auch 2.4).

2.5 *Der phonologisch/phonetische Status des* HE/EH. — Das HE/EH ist gewiß ursprünglicher als die drei Lauteigenschaften (2.4), die erst nach seiner Entstehung und Variabilität zustande kommen konnten. Dieses Urlautkontinuum vereinigt in sich alle Eigenschaften, die die späteren eigentonmäßig differenzierten vokalischen und konsonantischen Lautprodukte enthalten, freilich ohne ihre tonspezifischen Züge. Die phonologisch-phonetischen Interpretationen, die nur differenzierte tonspezifische Laute erkennen, können das Urlautkontinuum systemmäßig in der Regel nicht erfassen. Laryngallaut ist keine treffende Bezeichnung dafür, da jeder Laut unter Beteiligung des Kehlkopfs erzeugt wird: Insofern ist j e d e s Resultat der Humanphonation von der Grundierung her streng genommen ein Kehlkopflaut. Gewiß weisen die differenzierten tonspezifischen Vokale und Konsonanten außer ihrer Laryngalität noch eine ganze Reihe zusätzlicher Merkmale auf, die das HE/EH nicht besitzt. Wenn wir also mit dem Begriffsinventar der differenzierten Laute operieren, können wir das Urlautkontinuum höchstens negativ definieren: Es ist kein Vokal, kein Konsonant, nicht stimmlos, nicht stimmhaft, kein Verschlußlaut, kein Reibelaut, nicht nasalisiert, nicht oral; sowohl als „Vokal" als auch als „Konsonant" wird es bei absoluter Passivität des supralaryngalen Vokaltraktes erzeugt: Es ist somit ein Laryngallaut (Kehlkopflaut) par excellence. Es steht nicht in einer Opposition zu e i n e m der „Nachbarlaute", sondern bildet zu gleicher Zeit das Gegenstück zu sämtlichen Vokalen und Konsonanten des Phoneminventars. Das HE/EH ist der Laut, der keine der besonderen Eigenschaften der anderen Laute im Phoneminventar einer Sprache besitzt, er ist dennoch das Grundmaterial (der Fundierungsstoff) jeglicher Phonation, auch deren der tonspezifisch differenzierten Laute. Sowohl strukturell als auch chronologisch-entstehungsgeschichtlich besitzt er also einen Sonderstatus, er ist anwesend in jedem Lautprodukt, kann aber mit keinem von ihnen im Hinblick auf die Artikulation einer Klasse zugeordnet werden, da er keine solchen Differenzierungsmerkmale besitzt wie die sonstigen Vokale und Konsonanten. Die Verfasser herkömmlicher Grammatiken haben sich dann auch jahrhundertelang den Kopf zerbrochen, wie man diesen Laut aufgrund des lateinischen oder griechischen Alphabets bewerten und bezeichnen solle. Es wäre eine dringende Aufgabe, die entsprechenden Versuche in einer wissenschaftsgeschichtlichen Untersuchung zusammenzustellen (für einen bescheidenen Anfang s. Décsy 1960.169). In den europäischen Sprachen ist die vokalische Aussonderung des Urlautkontinuums oft als „reduzierter Vokal", „Murmelvokal" bezeichnet oder mit Attributen wie „unklar", „unstable", „muet", „caduc", „irregulär", „obscure", „schwach", „ungespannt", „undeutlich", „unvollkommen", „an präziser Bildung eingebüßt" usw. belegt (Décsy 1960. 169 und 1973.202—203). In sprachgeschichtlichen Untersuchungen pflegt man es mit einem auf den Kopf gestellten *e* (ə) zu schreiben (zumindest in der Germanistik und Uralistik). Oft nennt man es „Mittelvokal", „Zentralvokal", womit man andeutet, daß alle tonartikulierenden Organe bei seiner Bildung in „Mittelstellung" sind, d. h. sich passiv verhalten. Indes ist der Vokal in vielen europäischen Sprachen vorhanden, entweder als Variante der sog. Voll(ton)vokale in unbetonten Silben oder als selbständiges Phonem. Als Positionsvariante ist es zumindest dem Deutschen, Englischen, Französischen, Niederländischeen, Dänischen, Schwedischen, Russischen, Weißrussischen, Slovenischen, Mordwinischen, Armenischen, Jurakischen eigen; es wird in diesen Sprachen als Reduktionsprodukt in unbetonten Silben angesehen. In den Sprachen des Balkanbundes, in den südostseefinnischen Sprachen (Estnisch, Wotisch, Livisch), im Surabund (Tschuwasisch, Tscheremissisch) und in den permischen Sprachen, weiter im Tatarischen, Baschkirischen usw. hat es dagegen den Status eines selbständigen Phonems (Einzelheiten Décsy 1973. 203). Seine Bezeichnung in den offiziellen Orthographien zeigt eine außerordentliche Vielfalt, vor allem in der Kyrillschrift. Als Variante tritt der vokalische Laryngallaut in der Regel nur kurz auf, langes ə gibt es unter Betonung im Englischen (b*i*rd 'Vogel'), Estnischen, Wotischen und Livischen. Im Englischen können alle Vokale, die keinen erkennbaren Ton haben, als Varianten oder Archiphoneme des vokalischen Laryngallautes angesehen werden. In den angeführten Einzelsprachen gibt es freilich eine breite Skala der Artikulation bei den verschiedenen vokalischen Laryngallauten, in einem stimmen sie aber stets überein: Sie haben keinen Eigenton wie *a, o, u, i* oder *ä*. Man zweifelt nicht,daß auch das Schwa indogermanicum eine ähnliche unbestimmte oder unbestimmbare Klangfarbe hatte (vgl. Krahe 1958.52). Die gegenwärtigen konsonantischen Ausprägungen des Laryngallautes sind aufgrund der herkömmlichen Lautbegriffe noch schwieriger zu erfassen als die vokalische Realisation, sofern es nicht um das allgemein und sowohl im Griechischen als auch im Lateinischen vorhandene *h* geht. Nicht zu vergessen ist, daß das *h* im Griechischen kein reguläres orthographisches Zeichen besaß, es wurde vielmehr als ein „Sonderlaut" des Wortbeginns angesehen und durch die bekannten Zeichen ' (Positiv, Präsenz: spiritus asper) und ' (Negativ, Absenz: spiritus lenis) wiedergegeben. Der Laryngalreibelaut *h* scheint distributionsmäßig an den Wortanfang gebunden zu sein (evtl. an den Silbenanfang intervokalisch), nach den Ergebnissen der linguistischen Komparativistik entstand es in der Regel aus einem früheren *k*. Vorkonsonantisch tritt er selten auf (Ausnahme: der sog. Wikinger-Bund in Nordeuropa, Décsy 1973.44), das gleiche gilt für Auslaut (Ausfall oder *h* > *ch*, d. h. Gutturalisierung). Dennoch läßt er sich aufgrund des lateinischen *h* orthographisch gut erfassen. Der Stimmtonkorrelation entzieht er sich auch in Idiomen, die den Gegensatz stimmhaft/stimmton gut kennen (Ausnahme: Finnisch, vgl. 2.3.3, vielleicht auch Ungarisch in Fällen wie *dobhat* '(er) kann werfen', Tschechisch, Ukrainisch). Sein Verschlußlautgegenstück läßt sich eigentlich in jeder Sprache leicht bilden, die den laryngalen Reibelaut *h* kennt, es wird jedoch dafür — obwohl in vielen Sprachen bekannt — ein konventionelles orthographisches Zeichen sehr vermißt. Die Phonetiker nennen es „Stimmbandverschluß", „Laryngalklusil", „Kehlkopfverschluß", „Aleph" usw. Es ist die Verschlußlautvariante des *h*: ein plötzliches *h* ist also ein Stimmbandverschluß (vgl. auch 2.3.1 und 2). Gut bekannt ist es in den semitischen Sprachen (hebräisch Aleph), im Dänischen (Dieth 1950.99); in der deutschen Hochsprache, in der es vor jedem Vokalanlaut erscheint, wird es „Harter Einsatz" genannt (Dieth 1950.102), ohne orthographisch erfaßt zu sein. Im Wortanlaut ist es im Englischen und teilweise auch im Ungarischen bekannt. Durch seine Verwendung wird der Vokalanlaut faktisch aufgehoben. Phonetiker sind der Ansicht, daß der Stimmbandverschluß — ähnlich seinem spirantischen Gegenstück *h* — nur stimmlos artikuliert werden kann. Dieser Auffassung widersprechen die Erfahrungen, die man im Jurakischen gesammelt hat. Nach N. M. Tereschenko besitzt der Stimmbandverschluß in dieser Sprache im Rahmen der Sonoritätskonstellation zumindest im Auslaut bedeutungsunterscheidende Funktion, z. B. *veh* 'Land' ∽ *veh* 'Hund'. P. Hajdú ist dagegen der Ansicht, daß Tereschenkos stimmhafter Stimmbandverschluß lediglich eine Variante des stimmlosen Gegenstücks sei (Einzelheiten Décsy 1966.9 und 72). Auf jeden Fall ist der Kehlkopfverschlußlaut im Jurakischen auch orthographisch markant erfaßt (' und "). In der phonetischen Transkription wird es durch einen fragezeichenähnlichen Buchstaben wiedergegeben (ʔ). Die konsonantische Ausprägung des Urlautkontinuums HE/EH — ob spirantisches *h* oder klusiler Stimmbandverschluß — hat phonetisch und artikulatorisch etwas Gemeinsames mit der vokalischen Aussonderung: Sie kann im Kehlkopf ohne Beteiligung der Organe des supralaryngalen Vokaltrakts erzeugt werden. Hierin besteht eine wichtige artikulatorische Verbindung zwischen dem sog. redu-

zierten Vokal und dem Stimmbandverschluß sowie *h*. Sie sind diejenigen
Laute, die der Mensch ähnlich den Tieren in seinem Vorsprachzeitalter ver-
wendete, die vom humanen Neugeborenen bis zum Beginn der Spracherwerbs-
zeit am häufigsten erzeugt werden, die der Mensch bei archetypischen emotionalen Instinkthandlungen wie Weinen und Lachen in der Regel hören läßt,
die das Grundmaterial der Stimmerzeugung bei den Primaten und auch rang-
niedrigen Tieren abgeben, und die ihrer akustischen Natur nach in stimm-
apparatunabhängiger atmungsfreier Entstehung als Naturgeräusche durch die
Lebewesen und Bewegungen der anorganischen Umwelt in der Regel erzeugt
werden. Sie sind das Urlautkontinuum, sie sind der Urschall, die historisch das
Urmuster, die die phonetische Ursuppe (den „Urschleim") aller tonspezifischen
Einheiten der Lautpalette darstellen und strukturell als „Generallaute" in
Direktopposition zu allen sekundären Einheiten des Phoneminventars stehen.
Auch in Sprachen, die sie scheinbar nicht kennen (Italienisch, Spanisch usw.),
sind sie mit ihren Grundstoffelementen (Phonations-Grundierungen) in den
Tonvokalen vorhanden.

2.2 Tonspezifikum-Genese

Das Urlautkontinuum, das wir als HE/EH bezeichnen, kann sowohl von
dem Tier — zumindest von den ranghöheren Wirbeltieren — als auch von
dem Menschen erzeugt werden: Seine Bildung ist also noch kein humaner
Zug der Sprache. Oft wird es einfach als „unartikulierter Laut" bezeichnet,
und dieses abwertende, manchmal von Emotionen getragene Urteil, trifft das
Wesentliche. Denn HE/EH unterscheidet sich vor allem dadurch von unseren
tonspezifischen Lauten, daß es ohne Beteiligung der sog. artikulatorischen
Organe des supralaryngalen Vokaltraktes erzeugt werden kann. Die humane
Lautsprache beginnt somit bei der Artikulation: Ihre Zeichen bestehen aus
tonspezifischen Einheiten, die ihren besonderen Eigenarten im supralaryngalen Vokaltrakt durch die unterschiedliche Stellung des Kehlkopfes, der
Zunge, der Lippen, der Zähne, des Rachens und Gaumens usw. erhalten. Wie
die artikulatorischen Bewegungen dieser Sprechorgane vor sich gehen, ist seit
Urzeiten bekannt und wissenschaftlich ausgezeichnet beschrieben (vgl. wenigstens Dieth 1950.53, von Essen 1962.59, Laziczius 1961.4 und 38 ff.). Die
bekannte metaphorische Bezeichnung der Sprache als 'Atmen, Blasen', durch
den Urmenschen (deutsch *sprechen* gehört z. B. zu lat. *spiro*, finnisch *puhua*
'sprechen' zu ung. *fúj* 'blasen') beweist, daß unsere Vorahnen die physiolo-
gisch-artikulatorischen Grundlagen der Sprechtätigkeit schon in sehr frühen
Zeiten erkannt und anatomisch richtig bewertet haben. Blasen der Luft durch
den Kehlkopf und durch den supralaryngalen Vokaltrakt ist nämlich die
Grundlage sowohl der Stimm- als auch der Lautproduktion. Im Ergebnis
deutlich unterschiedliche Signaleinheiten kann auf diese Weise jedoch nur der
Mensch vollbringen. Das Urlautkontinuum HE/EH ist also noch nicht das

typische Element der Humansprache, da es als unartikulierte vokalisch-
konsonantische Lauteinheit auch von Tieren erzeugt werden kann: So hat
man bei dem japanischen Makak 25, bei dem Rhesusaffen 17 Lautgrundtypen
registriert, was zahlenmäßig ein reiches Repertoire bedeutet, insbesondere
wenn man bedenkt, daß unsere hochentwickelten Sprachen in der Regel mit
ca. 20—22 sog. nuklearen Phonemen auskommen (die mit einem Prozentsatz
von mehr als 2 % vorkommen). Die Tierlautforschung konnte jedoch die
tierischen Stimmsignale der innerartlichen Kommunikation bei Affen nur als
unartikulierte Quiek-, Kreisch-, Husten-, Schnalz-Grunz-, Quietsch-Schrei-,
Grunz-Bell- usw. -laute einstufen (Marler 1973.58—59). Es ist also eine durch
moderne Forschung nachgewiesene Tatsache, daß nicht einmal die entwickelte-
sten Primaten artikulierte Laute hervorbringen könnten. Die Artikulation ist
nur dem Menschen eigen. Der faszinierendste Teil jeglicher Sprachherkunftsforschung ist es also, den gewaltigen Schritt vom Urlautkontinuum zum Inventar moderner Phonemsysteme zu erklären. Da der Neandertaler (ausgestorben oder absorbiert durch Jungpaläolithiker seit 70 000) noch keine artikulierten Laute hervorbringen konnte (Lieberman 1975.95, 103, 113 usw.),
ist die humane Artikulationsfähigkeit von den sog. Jungpaläolithikern entwickelt worden, sie ist daher nicht älter als 40 bis 50 000 Jahre. Es war die
revolutionäre Erkenntnis der Jungpaläolithiker, daß man Laute nicht nur im
Kehlkopf, sondern auch im Rachengebiet und Mund erzeugen kann. Sie ver-
mochten, Nasen- und Mundhöhle bei der Artikulation voneinander zu trennen und haben durch die Positionsänderung der Zunge sowie Variierung der
Größe des supralaryngalen Höhlensystems (1.2.2) als Resonanzvorrichtung
für eine akustisch distinktive Lautproduktion eine o r a l e Technik entwickelt.
Wenn wir nun diese Entwicklung nachzeichnen wollen, müssen wir von der
Grundthese der Evolutionslehre ausgehen: Aus dem Einfacheren entsteht das
Kompliziertere. Die einfachsten Lautprodukte sind HE/EH in ihrer vokalischen Realisation (Schwa, ə) und in ihren konsonantischen (ʔ, h) Ausprägungen. Wir wollen die heute bekannten Phoneme (Kardinallaute) in eine entwicklungsgeschichtliche Reihe bringen, in der die einfachen vorne und die
komplizierteren je nach dem Grad der Kompliziertheit weiter hinten ange-
führt werden. Eine solche aufgrund rein physiologischer und struktureller
Überlegungen errichtete Reihenfolge wird wahrscheinlich auch eine chronologische Gültigkeit erlangen: Die einfacheren Vokale und Konsonanten sind
älter, ursprünglicher, primärer, diejenigen dagegen, denen eine kompliziertere
Artikulationsweise eigen ist, dürften sekundär und jünger sein. Zum Glück hat
die Phonetik die „Einfachheit" und „Kompliziertheit" in dem Bildungsvor-
gang der Humanlaute schon längst festgestellt; einige sehr komplizierte Vokale (ü, ö) und Konsonanten (tsch, zh, dzh usw.) haben sich sozusagen vor
unseren Augen in der historischen Zeit herausgebildet. Unsere Aufgabe ist
nur noch, den Grad der Bildungsart — wieweit einfach und wiefern kompli-
ziert — bei unseren Sprachlauten festzustellen und diese dann dementsprechend in einer chronologisch aufschlußreichen Reihe anzuordnen. Als „ein-

fach" gilt dabei stets derjenige Laut, der sich in der Bildungsweise von HE/EH am wenigsten unterscheidet.

2.1 *Vokale*. — Als Arbeitshypothese nehmen wir die folgende entwicklungsgeschichtliche Reihe der bekannten Kardinalvokale an:

ə ‖ ä, a, i, u,   (wobei ə = HE/EH)

Es gilt das Prinzip, daß diejenigen Vokale, deren Bildungsweise im supralaryngalen Vokaltrakt unter der geringfügigsten Beteiligung der Artikulationsorgane vor sich geht und somit mit der wenigsten Energie verbunden ist, primärer sind. Aufgrund dieser Einsicht ist ə — die vokalische Ausprägung des Kehlkopflautes — als Urvokal anzusehen. Bei seiner Bildung sind die Artikulationsorgane des supralaryngalen Vokaltraktes in relativer Ruhelage (neutraler Stellung). Der Vokal kann also sowohl von Tieren erzeugt werden (vgl. oben passim) als auch von solchen Humanwesen, die nicht in der Lage sind, Zunge und sonstige Mundorgane entsprechend den Regeln der Artikulation zu bewegen (Neugeborene, Stumme). Das Vorhandensein einer L-P-Höhle (1.2.2) ist für seine Bildung nicht erforderlich, die Existenz einer solchen Höhle beeinträchtigt seine Erzeugung jedoch offensichtlich nicht. Gewiß kann man experimentell Unterschiede zwischen einem ə feststellen, das von einem Tier ohne P-L-Höhle und einem, das von einem Menschen mit normal entwickeltem Rachenraum erzeugt wird. Die Unterschiede sind jedoch für das menschliche Ohr von der Akustik her kaum erkennbar.

Das ə hat keinen Eigenton, es ist kein Tonvokal. Allen anderen Vokalen sind dagegen Tonqualitäten (Klangfarben) eigen, die uns aus der Phonetik gut bekannt sind. Um ihre Toneigenschaften und Bildungstechnik besser zu verstehen, ordnen wir die Vokale an den Kanten eines Quaders folgendermaßen an:

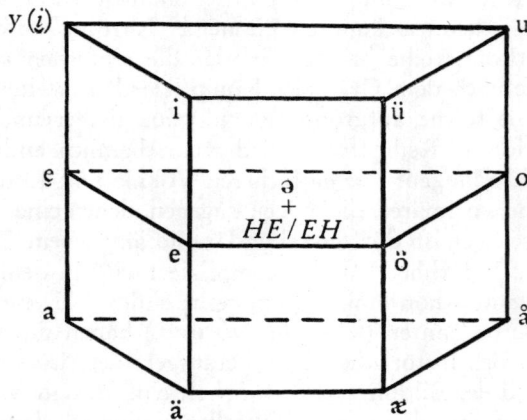

Abb. 2. Der Vokalklotz

Die Vokale (Selbstlaute) werden mit schwingenden Stimmlippen im Kehlkopf bei geöffnetem Mund erzeugt: Sie gelten von Haus aus als stimmhaft. Ihre Klangfarbe entsteht durch die Veränderung des Hohlraumumfangs im supralaryngalen Vokaltrakt unter Betätigung der Zunge und Mundöffnung. Die Zunge kann dabei sowohl in vertikaler als auch in horizontaler Richtung bewegt werden. Bei den Tonvokalen (Klangfarbe-Vokalen) — zu denen ə nicht gezählt wird — gibt es also drei wichtige Artikulationsfaktoren: Position der Zunge in *Vertikal*- sowie in *Horizontal*lage und Größe der *Mundöffnung*. Die Nasenhöhle ist dabei durch das Velum (Gaumensegel, Zäpfchen) abgeschaltet, sie ist also als Resonanzvorrichtung an der Artikulation der Vokale nicht beteiligt. Die Fähigkeit, die Nasenhöhle bei der Artikulation der Vokale unter Zuhilfenahme des Gaumensegels abzuschalten, ist ein pointiert menschlicher Zug. Durch sie wird der Resonator verkleinert, die störenden Untertöne der Nasenhöhle werden eliminiert. Die so entstandenen Vokale unserer Sprachen sind reine Oralselbstlaute. Sog. nasalierte Vokale gibt es heute im Französischen und es gab sie früher auch im Polnischen, Litauischen und in zahlreichen anderen Sprachen. Die Stimmprodukte der Tiere sind nasaliert, da sie die Luft bei der Atmung nicht durch die Mundhöhle leiten können. Da der Resonanzumfang der Nase — im Gegensatz zu dem der Mundhöhle — nicht variiert werden kann, dürfte einleuchten, daß die Oralatmung (Humanzug!) die fundamentalste Voraussetzung für eine gestaffelte und reichhaltigere Lautproduktion darstellt. Die drei ausschlaggebenden artikulatorischen Faktoren bei der Bildung unserer Oralvokale werden an unserem Quader mnemotechnisch sehr vorteilhaft kenntlich gemacht.

		Kardinal	Marginal
Zungenvertikallage:	geschlossen:	i, u, ü	y
(Höhenbewegung der Zunge)	mittlere:	e, o, ö	ę
	tief:	ä, a	œ å
Zungenhorizontallage:	vordere:	i, ü, e, ö, ä	œ
(Sagittal)	hintere:	u, o, a	y, ę, å
Mundöffnung:	illabial:	i, e, ä, a	y, ę
(Lippenbeteiligung)	labial:	ü, ö, u, o	å, œ

Der Vorteil der Darstellungsweise an einem Quader (s. Forchhammer 1928. 36—37) besteht darin, daß alle zusammengehörigen Vokalgruppen an den Kanten bzw. Seitenlinien einer Fläche angeordnet sind: Die geschlossenen Vokale (hohe Zungenstellung) an der Oberfläche, die mittleren am mittleren virtuellen Binnenschnitt, die tiefen (tiefe Zungenstellung) an der unteren Fläche. An den Seitenlinien der vorderen Fläche sind die vorderen (palatalen), an denen der hinteren Fläche die hinteren (velaren) Vokale anzutreffen. An der linken Seitenfläche befinden sich die illabialen, an der rechten Seite die labialen Vokale. Der sog. reduzierte Vokal ə (HE/EH) ist in der geometrischen Mitte des Quaders plaziert: Er nimmt in jeder Beziehung eine Mittelstellung ein, er ist nicht illabial und nicht labial, wird nicht vorne und nicht hinten, nicht oben und nicht unten gebildet: Er ist die Inkarnation der Mittelstellung. Freilich müßte man hierzu voraussetzen, daß die klassische Ruhelage der Zunge nicht die Tiefstellung, sondern die Mittelstellung ist oder zumindest gewesen war (in einem sehr frühen anatomischen Entwicklungsstadium, auf jeden Fall aber schon im Tonvokalzeitalter).

Bei der Tonvokalbildung dürfte der wichtigste Artikulationsfaktor die Änderung des Hohlraumumfangs der Mundhöhle und insbesondere der P-L-Höhle sein, die durch die Lageänderung des Zungenkörpers und die Höhenbewegung des Kehlkopfes in der L-P-Höhle erreicht wird. Die Humanzunge ist sehr dick und füllig im Vergleich zu der Zunge der Tiere. Dank dieser Stämmigkeit und der Bewegungsfähigkeit kann das Hohlraumvolumen der als Resonator dienenden Mundhöhle (und u. U. der P-L-Höhle) auf verschiedene Klangfarbproduktionen eingestellt werden. Durch die Hebung des Zungenkörpers wird die Mundhöhle verkleinert, zumal dem „Parkhaus der Zunge", nämlich dem Raum zwischen der unteren vorderen Zungenhälfte und den unteren Zähnen bei der Artikulation keine Resonanzfunktion zukommt. Dieser Raumteil ist bei der Lautbildung anscheinend ähnlich ausgeschaltet wie die Nasenhöhle bei der Artikulation der Orallaute. Wichtig ist die horizontale Lageänderung des Kehlkopfes, wodurch der L-P-Raum als Resonator vergrößert oder verkleinert werden kann: bei i und u ist er wesentlich kleiner als z. B. bei a, o oder e (Dieth 1950.87—88). Die Frage, wie der Mensch — wohl erst der Jungpaläolithiker — die Fähigkeit erwarb, den Höhlenumfang durch die Verstellung des Zungenkörpers und der Larynx verändern zu können, ist nicht leicht zu beantworten. Daß er aber hier der Natur und der unmittelbaren Umwelt die Stimuli verdankt, liegt auf der Hand. Es gibt Vogelgesänge und Naturgeräusche, die vom menschlichen Ohr als i, u oder a usw. aufgefaßt werden können. Das Quietschen erinnert an das i, das Bellen des Hundes an das a, das Heulen der Wölfe vielleicht an u. Sie nachzuahmen kann zunächst aus Spieltrieb geschehen, aber auch aus technischer Notwendigkeit als Requisit einer zwischenartlichen Kommunikation (Marler 1973.87), auf die der Mensch, der seine Existenz durch Jagd bestritt und sich vor wilden Tieren zu verteidigen hatte, angewiesen war. Das akustische i und a oder u waren daher dem Menschen aufgrund von Gehöreindrücken wahrscheinlich schon bekannt, bevor er sie artikulieren konnte. Der Mythos, daß der Mensch von den Tieren zu sprechen gelernt hätte, scheint also einen rationalen Kern zu haben. Die primitiven Lauterzeugungen der Vögel, die akustisch wie artikulierte i, a oder u auf uns wirken, sind gewiß älter als die Humanlautproduktion. Das Entwicklungstempo des Menschen war viel hektischer als das der Tiere. Tiere hatten vor fünfzigtausend oder einer halben Million Jahren die gleichen Stimmapparate wie heute: der homo oder der Vormensch aber nicht (vgl. Bronowski 1972.42). An diesem Punkt wird die viel erörterte Möglichkeit der Onomatopoesie, der Lautmalerei, der Lautnachahmung, der Lautgebärde, der expressiv-affektiv-suggestiv-deskriptiven

Wortbildung usw. ein echter Ansatz für die Entstehung der humanen Ton-
vokalproduktion (vgl. Rosenkranz 1971.20 ff.). Eine „Sprache" konnte der
Mensch von dem Tier nicht erlernen — sie ist ja ein ausschließlich humanes
Produkt —, wohl aber isolierte Einzeltonvokale.

Den Beweis komparitivistisch zu erbringen, daß die Tonvokale aus ə entstanden, ähnlich wie z. B. aus dem indogermanischen *a* im Slavischen *o* geworden ist, wäre schwierig. Die ersten Tonvokale dürften nicht durch Laut-
veränderung (aus dem Urvokal), sondern wohl durch direkte Autogenese entstanden sein. Neben dem ə wurde als „allgemeiner und universeller" (Ton-)
urvokal von L. Arany das offene *ä* in Betracht gezogen (Arany 1969.113), das
als eine artikulatorisch wenig abgestufte Variante des ə gelten dürfte. In der
Indogermanistik hat C. H. Borgström einen „Einzigvokal" *ä* — offensichtlich
mit vorgrundsprachlicher Relevanz — angenommen (Szemerényi 1970.105).
Bei der Bildung des *ä* ist die Zunge im wesentlichen in Ruhelage, ein kleines
Vorwärtsrücken auf die unteren Vorderzähne hin verlangt ihr nur eine sehr
geringe Muskeltätigkeit und damit Spannungskraft ab. Das gleiche können
wir auch von *a* behaupten, bei dessen Bildung der hintere Teil des Zungen-
rückens rückwärts auf das Velum hin verstellt wird. Sowohl *ä* als auch *a*
werden im wesentlichen ohne merkliche Lippenbetätigung artikuliert. Ähnliches gilt auch für *i*, das demnach ebenfalls sehr alt sein muß. Bei seiner
Bildung wird die Zungenspitze etwas stärker gehoben, wozu etwas mehr
Muskelkraft (Spannung, Tension) benötigt wird. Streng genommen ist das *i*
in diesem Stadium nichts anderes, als eine mit höherer Zungenstellung gebildete Variante des *ä*. In der ältesten Zeit der schon differenzierteren humanen Tonvokalepoche können wir also mit dem folgenden System rechnen:

$$\textbf{[V 1:1]} \quad \begin{matrix} i \\ a \\ ä \end{matrix} \qquad \text{oder} \qquad \textbf{[V 1:2]} \quad \begin{matrix} & i \\ a & & ä \end{matrix}$$

In diesem Stadium der Entwicklung wurden also nur illabiale Vokale erzeugt. Die Oppositionen sind sowohl horizontal als auch vertikal binaristisch.
Die Vokale *a* und *ä* können als Varianten eines Archiphonems *a* angesehen
werden, eines Mittelvokals zwischen *ä* und *a*, der in vielen europäischen
Sprachen bis heute vorhanden ist. Ein *i*, das nicht ganz vorne mit gehobener
Zunge artikuliert wird und somit ebenfalls eine „Mittelstellung" hat, kann
wiederum als „hohes" Gegenstück des *a* angesehen werden. Verbunden werden
sie artikulatorisch und der Systematik nach durch das „klangfreie" ə, das
freilich als Bauelement der Sprache im Tonvokalsystem phonologisch nicht
relevant zu sein braucht (als Nichtsprachlaut jedoch jeder Sprachgemeinschaft
bekannt ist: 2.2.3). Angesichts dieser Überlegungen könnten wir fragen, ob
es nicht begründet sei, vor das System

$$\textbf{[V 1:2]} \quad \begin{matrix} & i \\ a & & ä \end{matrix}$$

eine Vorstufe einzuschalten, die folgendermaßen dargestellt werden könnte:

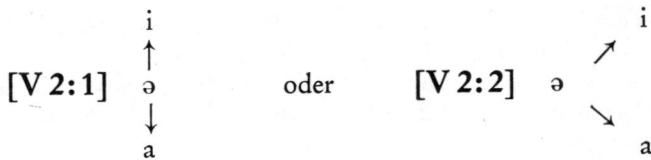

$$
[\text{V 2:1}] \quad
\begin{array}{c}
i \\
\uparrow \\
\partial \\
\downarrow \\
a
\end{array}
\qquad \text{oder} \qquad
[\text{V 2:2}] \quad
\begin{array}{c}
i \\
\nearrow \\
\partial \\
\searrow \\
a
\end{array}
$$

Das mittlere *a* und das mittlere *i* können als mit tiefer (*a*) und mit hoher (*i*) Zungenstellung gebildeten Varianten des *ə* angesehen werden. Nach ihrer Genese ist das *ə* als farbloser Vokal („excess baggage") aus dem *Sprach*lautsystem verschwunden, er wurde nur noch beim Weinen, Lachen usw. verwendet, da der Mensch an der Bildung der klangvollen Vollvokale *a* und *i* mehr Freude gehabt hat, und sie daher mit kompensatorisch hoher Frequenz zu verwenden begann. Den eigentlichen Stimulus für die Erzeugung des *a* und *i* dürften entsprechend empfundene (gehörte) Tierlaute oder Naturgeräusche gegeben haben. Ein *ə* als Signal weiterhin zu verwenden, gilt anscheinend als Zeichen der Rückständigkeit. Zu untersuchen wäre, wieweit das Pfeifen bei der Herausbildung der Fähigkeit, *i* zu sprechen, mitgewirkt haben könnte. Beim Pfeifen bildet der Mund einen Luftsack, in dem sich die Luft ansammelt, die dann ähnlich wie bei der Syrinx der Vögel durch eine Öffnung (in der Regel ohne Unterbrechung) gepreßt wird. Die Öffnung wird durch starke Lippenrundung gebildet. Vielleicht hat man durch diese Technik, die sehr alt sein muß, die Fähigkeit zur Bildung von *Labial*vokalen erworben. Das Pfeifen erinnert in jeder Sprache — freilich abhängig von der Tonhöhe — an einen Tonvokal, im Finnischen z. B. an *ü*, in den meisten Sprachen an *i* und *u*. Aus dem *i* bei höherer Zungenstellung und nach hinten gezogenem Zungenrücken entsteht das *u*, der erste Labialvokal des Menschen. Von nun an sieht das humane Vokalrepertoire folgendermaßen aus:

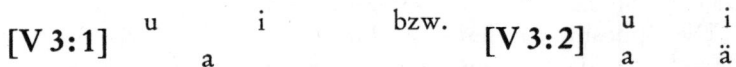

$$
[\text{V 3:1}] \quad
\begin{array}{cc}
u & \quad i \\
& a
\end{array}
\qquad \text{bzw.} \qquad
[\text{V 3:2}] \quad
\begin{array}{cc}
u & \quad i \\
a & \quad ä
\end{array}
$$

Bei dem System [V 3 : 1] müssen wir länger verweilen. Das ist das Vokalsystem des Sumerischen, des Altindischen, der semitischen Sprachen und vieler anderer altertümlicher Idiome der Wendekreis-Gebiete in Afrika, Asien, Indonesien und Australien. Daß diese drei Selbstlaute das alleinige vokalische Baumaterial vieler Aboriginen-Sprachen darstellen, ist allgemein bekannt; es genügt, wenn wir einige Namen aus der Sprache selbständig gewordener afrikanischer Staaten des Wendekreis-Gebietes anführen, in denen e oder o nur selten vorkommen: Kasavubu, Lumumba, Uganda, Idi Amin, Kampala, Arusha, Usumbura, Mandukani, Shawani, Mumunga usw. Heute ist man geneigt anzunehmen, daß die Vokale o und e im Vorindogermanischen sekundäre Lautprodukte darstellen: Sie sind auf jeden Fall jünger als die drei klassischen Vokale des Ursystems [V 3 : 1] (vgl. hierzu Szemerényi 1970. 112 ff., 129 ff.). Obwohl man heute an der Existenz von *o* und *e* in der indogermanischen Grundsprache nicht zweifelt, kann man doch voraussetzen, daß diese Vokale nicht so alt und etymologisch nicht so gut gefestigt sind wie *u*, *i* und *a*. Ähnliches wird im Zusammenhang mit dem Vokalsystem der uralischen Grundsprache vermutet, für die gegenwärtig das folgende System angesetzt wird:

$$[\text{V 4}] \quad \begin{matrix} u & & i \\ o & & e \\ a & & ä \end{matrix}$$

Unter Berücksichtigung der Vokale *o* und *e* ergibt sich für die indogermanische Grundsprache das folgende System:

$$[\text{V 5}] \quad \begin{matrix} u & & i \\ o & & e \\ & a & \end{matrix} \quad \text{oder} \quad \begin{matrix} u & & & i \\ & o & e & \\ & & a & \end{matrix}$$

Die Systeme [V 4] und [V 5] widerlaufen dem Prinzip der Dichotomie, nach dem die Sprache als Zeichenvorrat binaristisch aufgebaut sei. Nach der Vertikalposition der Zunge treten hier nämlich drei und nicht zwei Oppositionsreihen auf. Besonders klar tritt dies beim System [V 4] zutage. Diese „Dreilinearität" (Dreistrahligkeit) kann nicht uralt sein, sie ist das Ergebnis einer feinmodulierten Artikulationstechnik. Wir behaupten nicht, daß *a* oder *o*, daß *ä* oder *e* nicht alt seien, wir vermuten nur, daß diese Oppositionen nicht uralt und primär sind. Die unteren Vokalpaare *a/o* und *ä/e* stehen etymologisch und von der Systematik her gewissermaßen als *eine* Einheit *u* und *i* gegenüber. Die Vokale *a* und *o* sowie *ä* und *e* entstanden vermutlich aus den „Urarchiphonemen" A/O und Ä/E, die mit den Urphonemen *u* und *i* ursprünglich dichotomisch in Opposition standen, also

$$[\text{V 6}] \quad \begin{matrix} u & & i \\ A/O & & Ä/E \end{matrix}$$

A/O und Ä/E scheinen dabei Übergangsprodukte zwischen *a* und *o* bzw. zwischen *ä* und *e* gewesen zu sein. Aufgrund des vorhandenen etymologischen Materials kann vermutet werden, daß *a* und *o* sowie *ä* und *e* eher durch Bifurkation der ursprünglichen Archiphoneme A/O und Ä/E als durch „Offenwerden" aus einem *u* oder *i* entstanden. Die Erörterung dieser Fragen ist jedoch ein Problem der vergleichenden indogermanischen und uralischen Lautlehre und nicht einer Untersuchung über die Phonogenese. Für das hohe Alter und die Priorität des Systems [V 3], das sich durch das Nichtvorhandensein eines Ä/E sowie die Nichtbifurkation des (vorausgesetzten) Archiphonems A/O auszeichnet, spricht seine allgemeine Verbreitung in den im Hinblick auf das Vokalsystem offensichtlich sehr archaischen altorientalischen Sprachen sowie in vielen gegenwärtigen Wendekreisidiomen. Den Vokalen *a*, *i* und *u* schreibt auch die akustische Phonetik tragende Funktionen zu: ihre Merkmale sind in allen anderen Vokalen vorhanden, freilich überlagert durch zusätzliche Eigenarten (Laziczius 1961.97 ff.). Die Einführung des *o* und *e* scheint ein Nordhalbkugel-Phänomen zu sein, eigen vielleicht nur den sog. nordnostratischen Sprachen. Die phonologische Kartothek von N. S. Trubetzkoy (1939, Vorwort) oder noch mehr eine globale Bestandsaufnahme über die Vokalsysteme der vier bis sechstausend Sprachen unserer Erde, könnten hier Klärung bringen. Eine ausschlaggebende Bedeutung kam bei der Vokalgenese der Einführung des *u* zu, das als Urlabialvokal bezeichnet werden kann. Mit dem *u* wurde nämlich eine neue Artikulationstechnik, die Labialisierung (Lippenrundung) der Vokalbildung eingeführt. Die These, daß die Labialvokale als Sprachzeichen späteren Datums sein müssen als die illabialen Selbstlaute (also *a*, *ä*, *e* und *i*), kann u. a. aus der Beobachtung gefolgert werden, daß sie in der Regel mit geringerer Frequenz vorkommen als diese. Ausnahmen dürften hier nicht den typischen Fall darstellen. Auch diese Frage könnte erst durch eine globale Bestandsaufnahme über die Vokalsysteme der Erde mit Häufigkeitsindizes geklärt werden.

Wie die einzelnen Sprachen dann die Urvokale, Urvokalarchiphoneme, tatsächlich vorhandene Vokalprodukte und bestehende Bildungsmöglichkeiten für die Erzeugung ihrer eigenen Systeme und ihrer Verwendungsregeln genutzt haben, gehört nicht mehr zum Themenbereich der Sprachherkunftsforschung. Diese Frage ist teilweise durch die vergleichende Sprachwissenschaft, teilweise durch die Sprachgeschichte geklärt worden. Nur noch *eine* physiologische Eigenart scheint uns in diesem Zusammenhang wichtig zu sein. Die Bewegung der Lippen, insbesondere ihre Rundung, ist ein ausgesprochener Humanzug: diese Tätigkeiten kann einsichtig nur der Mensch, nicht aber das Tier herbeiführen. Labialisierung ist nur bei entsprechend verkürztem Unterkiefer möglich, den der Neandertaler z. B. noch nicht besaß (vgl. Bunak 1973. 244). Die Artikulation von *u* verlangt neben komplizierterer Nervensteuerung auch eine verfeinerte Kiefer- und Lippenanatomie, die die Bewerkstelligung der erforderlichen physischen Aktivitäten ermöglichen. Mit dem Labialvokal *u* ist der Mensch in besonderem Maße Mensch und seine Sprache in besonderem Maße human geworden.

Alle sog. tonspezifisch sehr stark differenzierten Vokale sind demnach aus dem System

$$[\text{V } 3{:}1] \quad \begin{matrix} \text{u} & \quad & \text{i} \\ & \text{a} & \end{matrix} \qquad \text{oder} \qquad [\text{V } 3{:}2] \quad \begin{matrix} \text{u} & \quad & \text{i} \\ & \text{a} & \text{ä} \end{matrix}$$

abzuleiten, artikulatorisch und teilweise auch etymologisch sehr einfach. Die Vokale *ü* und *ö* sind sekundär in jeder Sprache, dies ist eine sprachgeschichtliche Tatsache (vgl. hierzu Jakobson 1942.43). Das labiale *å* ist die reguläre

VOKALE 63

Variante des *a* in jeder Sprache, die ein offenes *ä* kennt (Décsy 1970.14). Hierbei handelt es sich um eine sehr leichte, kaum wahrnehmbare Labialisierung.
Der Grad der Labialisierung geht nämlich mit der Höhe der Zungenstellung
einher, je höher die Position der Zunge, um so größer der Labialisierungs-
grad; *o* ist also stärker labialisiert als *å*, *u* stärker als *o*, und das lange *u*
stärker als das kurze (*u*). Das offene *ö* (*œ*) ist ein spezielles Produkt einiger
Sprachen (z. B. Französisch). Die Vokale *ę* und *y* haben keine echte Klangfarbe, *ę* kann mit dem Urvokal *ə* (HE/EH) gleichgesetzt werden, zumal es
mit mittlerer Zungenhöhe gebildet wird. Im System der Tonvokale ist das *ę*
(*ə*) ein sog. Reduktionsprodukt: Wird bei der Bildung der Klangvokale insbesondere in unbetonten Silben die erforderliche Energie nicht in vollem Maße
aufgebracht, werden *a, o, u, e* usw. in der Regel zu *ə* reduziert. Im Vokalklotz ist der fiktive Platz des *ə* in der Mitte des Quaders (s. oben), in der
Systematik der Vollvokale (Tonvokale, Vollvokale) muß es jedoch in der
Serie der illabialen hinteren Vokale untergebracht werden. Der Vokal *y*
unterscheidet sich nur im Hinblick auf die Zungenhöhe bei der Artikulation
vom *ə*: es wird mit hoher Zungenstellung gebildet und ist insbesondere in
Osteuropa verbreitet (Russisch, Türksprachen; Einzelheiten Décsy 1973.203).
Es hat viele Realisationsformen, dennoch gehören z. B. russ *y* (ы) und
schwedisch *u* in *hus* 'Haus' zu ihm als Archiphonem. In der Regel entsteht es
aus einem langen *u*, bei dessen Bildung die Labialisierung unterlassen wird.
Wahrscheinlich war auch englisch ʌ in *but* ein solcher Vokal, der aber dann
etwas offener (als *ę, ə*) gesprochen wurde.

Zusammenfassend können wir folgendes festhalten:

ä, a, i dürfte eine entwicklungsgeschichtliche Primärreihe darstellen

Der Vokal *u* ist späteren Datums als die Primärreihe, jedoch ebenfalls sehr alt. Er ist der labiale Primärvokal, sekundär jedoch im
Vergleich zu *ä/a* und *i*.

Die Primärreihe (im Indogermanischen und Semitischen ohne *ä*, im
Uralischen mit ihm) und das *u* bilden ein dichotomisches (binaristi-
sches, zweilineares, zweistrahliges) Vokalsystem (s. V 3 : 1 oben), das
wir für die vorgrundsprachliche Zeit generell voraussetzen dürften,
teilweise dreigliedrig (s. V 3 : 1 oben), teilweise viergliedrig (V 3 : 2,
Uralisch und wahrscheinlich viele andere Sprachfamilien).

Die Vokale *o* und *e* sind entwicklungsgeschichtlich Tertiärprodukte;
sie sind verhältnismäßig jungen Datums und dürften durch Spaltung
(Bifurkation) der früheren Archiphoneme A/O und Ä/E — zunächst
vermutlich als Positionsvarianten — entstanden sein. Ob sie im Indogermanischen und Uralischen grundsprachlich, vorgrundsprachlich
oder nachgrundsprachlich sind, müßte durch Revision bisheriger Forschungen überprüft werden.

Die Vokale ẹ und y (russ. ьı) in heutigen Tonvokalsystemen sind Reduktionsprodukte: Ergebnisse unvollkommener Artikulation früherer Vollvokale (Tonvokale), somit späteren Datums.

Die Vokale *ü* und *ö* sind, wie die Lautgeschichte zeigt, sehr späte Produkte, die in der Regel in der Nachbarschaft der Labialkonsonanten *m, p* und *b* durch Assimilation (Labialisierung) entstanden sind.

2.2.2 *Konsonanten.* — Die Konsonanten sind das Skelett der Lautsequenz, von den Grammatikern der vokalarmen orientalischen Sprachen werden nur sie als eigentliche Bauelemente der Wörter betrachtet: Die Vokale sind im Semitischen, Sanskrit usw. nur mitschwingende (konkomitante) Zusatzmerkmale und bleiben in der Schrift grundsätzlich oder faktisch unbezeichnet. Die grammatische „Gleichberechtigung" der Vokale ist eine griechische und damit eine europäische Neuerung (Décsy 1973.205); so nimmt es kein Wunder, daß die Laute erstmalig in den Arbeiten der grammatischen Schule von Alexandrien im 2. J. n. Chr. in Vokale und Konsonanten eingeteilt wurden (Laziczius 1961.4; nach Roudet). Ihre Termini technici wie *fónēnta* ‘Selbstlaute’ und *symfōna* ‘Mitlaute’ sind durch lateinische Vermittlung (vocales, consonantes) in die meisten uropäischen Sprachen eingegangen. Die Trennung zwischen Vokal- und Konsonantgruppen ist eins der Axiome der europäischen grammatischen Tradition, wobei wir geneigt sind, die Selbstlaute als primäre Produkte unseres Sprechapparates anzusehen. Dies ist aber kaum etwas anders als ein Aberglaube, der auf dem Eindruck beruht, daß die Vokale auch „allein" ohne die Konsonanten artikuliert werden können, die Konsonanten dagegen ohne Vokale nicht. Wir wissen jedoch, daß die Artikulation der beiden Lautklassen mehr Gemeinsamkeiten als Unterschiede aufweist, und nicht ohne Grund unternahmen Jakobson, Fant und Halle den Versuch, Vokale und Konsonanten aufgrund der Merkmalanalyse (distinctive feature analysis) in einem einzigen System unterzubringen (Jakobson 1951). Allerdings bietet die traditionelle Einteilung der Konsonanten nach Bildungsart und Artikulationsstelle ebenfalls vorteilhafte Anhaltspunkte für die Mitlautgenese. Die beiliegende Aufstellung (S. 65) zeigt in der herkömmlichen Anordnung rund 35 Konsonanten aus den bekannteren europäischen Sprachen an, von denen viele in allen Sprachen der Welt vorhanden sind und somit sehr alt sein müssen. Wir setzen zunächst voraus, daß es keine Sprache in der Welt gibt, der die folgenden Konsonanten nicht eigen wären:

[K 1]   p, t, k, v (w), j, m und n

Es sei bemerkt, daß *p, t, k* in diesem Falle keine stimmlosen Konsonanten anzeigen, sondern eine artikulatorische Übergangskategorie zwischen stimmlos und stimmhaft, die man in der Phonetik „stimmlosen Medialaut" nennen kann (Laziczius 1961.53). Phonologisch geht es hier um folgendes: Ist in

		Bilabiale	Denti-labiale	Inter-dentale	Dentale	Alveolare	Palatale	Velare	Laryngale
Verschlußlaute	stimmlos	p			t		t'	k	ʔ
	stimmhaft	b			d		d'	g	
Reibelaute	stimmlos		f	th	s	š	ś (ç)	ch (x)	h
	stimmhaft	w	v	dh	z	ž	j	gh	ḥ (h)
Affrikaten	stimmlos				c	č			
	stimmhaft				dz	dž			
Nasallaute	stimmlos								
	stimmhaft	m			n		ń	ŋ	
Liquidalaute	stimmlos								
	stimmhaft				l		ľ		
Gerollte	stimmlos								
	stimmhaft				r				

Abb. 3. Konsonanten-Matrix

einer Sprache ein bestimmter Konsonant, der in der Regel in einer Korrelation einbezogen ist, ohne das korrelative Gegenstück vorhanden, dann übernimmt er teilweise die artikulatorischen Eigenarten des fehlenden Glieds. Haben *p*, *t*, *k* keine stimmlosen Gegenstücke (wie z. B. im heutigen Finnisch), dann werden sie beinahe wie *b*, *d*, *g* artikuliert, da das Balanzbedürfnis in der Artikulation nicht besteht (Décsy 1970.14—15). Die richtige Bezeichnung der obigen Reihe wäre demnach:

[K 2]   P/B, T/D, K/G, v(w), j, m und n

In dieser Reihe müßten aber auch jene Konsonanten, die für uns als von Haus aus stimmhaft gelten (*v/w*, *j*, *m*, *n*), als stimmhaft/stimmlos aufgefaßt werden:

[K 3]   P/B, T/D, K/G, V/F, JH/J, MH/M und NH/N,

wobei das *v* als undifferenzierter Labialkonsonant bewertet, und das H als entsonorisierendes orthographisches Zeichen verwendet wurde. Die Konsonantenpaare zeigen hier uralte Archiphoneme an, aus denen sich die späteren Phoneme im Rahmen der Sonoritätskorrelation entwickelt haben. Diese Reihe von Archiphonemen nennen wir Medienreihe: Die obigen konsonantischen Einheiten waren nämlich irrelevant im Hinblick auf die Sonoritätskorrelation.

Ehe wir unsere Rekonstruktion weiterführen, müssen wir einiges über die anderen Konsonanten unserer Tabelle bemerken. Die Archaität der Reihe [K 3] ergibt sich aus dem Umstand, daß die sieben angeführten Konsonanten entweder außerhalb der Sonoritätskorrelation oder in ihrem Rahmen in allen Sprachen der Erde vorhanden sind. Dies scheint eine empirische Tatsache zu sein, die freilich im einzelnen noch durch eine globale Bestandsaufnahme über die Phonemsysteme der Erde bestätigt werden muß. Obwohl einige Konsonanten unserer Tabelle nicht in allen Sprachen der Erde vorhanden sind — in der Tat fehlen sie z. B. auch in vielen europäischen Sprachen —, können sie dennoch als alt und primär angesehen werden. Es sind vor allem die Laryngallaute ʔ, ʕ, h und ḥ, deren Altertümlichkeit sich aus dem Umstand ergibt, daß sie als Laryngallaute ohne die Beteiligung der oralen Bildungsorgane (Zunge, Zähne, Lippen) erzeugt werden können. Wenn nun viele Sprachen — wie Französisch, Italienisch, Livisch, Nordrussisch usw. — auf ein *h* als Phonem verzichteten, so geschah das als Folge der Kopiosität der Konsonanten: Sie hatten in ausreichender Zahl differenziertere artspezifische Konsonanten, deren Verwendung die Ausnützung des „primitiven" *h* und ʔ als vermeidbar („excess baggage") erscheinen ließen. Da der Laryngallaut in seiner konsonantischen Ausprägung kein differenziertes Lautgebilde darstellt, begnügen wir uns damit, daß wir H stellvertretend für alle vier Spielarten der rechten horizontalen Kolumne unserer Tabelle anführen. So erhalten wir die folgende Reihe

[K 4]   P/B, T/D, K/G, V/F, JH/J, MH/M, NH/N und H

Wir gehen im weiteren von den folgenden Thesen aus, die als Arbeitshypothesen zu betrachten sind:

1. Am ältesten sind die Laryngalkonsonanten; die Nasallaute sind älter als die Orallaute.
2. Die Urspiranten *h*, *v* (*w*), *j* und *gh* sind älter als die Explosivae *k*, *p*, *t*, denen jedoch vor den Neuspiranten wie *s*, *š* eine chronologische Priorität einzuräumen ist. Frikativ/explosiv war ursprünglich nur ein konkomitanter Zug der Opposition kurz/lang (frikativ = lang, explosiv = kurz); vgl. Jakobson 1942.37.
3. Die Trennung der Konsonanten in stimmlose und stimmhafte Oppositionsreihen ist eine verhältnismäßig späte Innovation, die zwar phonetisch auf Variationsebene alt sein kann, phonologisch jedoch neu sein muß. Stimmlos/stimmhaft dürfte ursprünglich ein konkomitanter Zug der Opposition explosiv/frikativ gewesen sein (stimmhaft = frikativ, stimmlos = explosiv).
4. Die Affrikaten sind überall sekundär, sie sind eigentlich Konsonantdiphtonge, die monophonematische Verbindungen eines Explosivlautes mit einem an einer gleichen oder annähernd gleichen Stelle gebildeten (homorganen) Spiranten darstellen. Affrikaten sind in der Mehrzahl der Sprachen unserer Erde gar nicht vorhanden.
5. Die sehr komplizierte interdentale Bildungsart (*th* und *dh*) muß wegen ihrer schwierigen Artikulationstechnik ebenfalls als eine Neuerung eingestuft werden. In Europa ist sie z. B. nur in Randgebieten vorhanden: *th* und *dh* sind im Germanischen, Spanischen, Keltischen, Lappischen usw. aus früheren einfacheren Konsonanten zu erklären (Jakobson 1942.47).
6. Die alveolaren Reibelaute *š* und *ž* sind nicht nur der Bildungsart (Spiranten!), sondern auch der Artikulationsstelle nach sekundär. Viele Sprachen der Erde kennen sie nicht, dort, wo sie vorhanden sind, entstanden sie sehr oft aus *t* und *s*.
7. Bis auf das *j*/*x́* (= J/JH) ist auch die palatale Lokalisationsreihe spät entstanden. Daß *t'*, *d'*, *n'*, *l'* im Slavischen sekundär sind, ist eine elementare lautgeschichtliche Tatsache.
8. Die Spaltung bilabial/dentilabial ist ebenfalls spät und sekundär.

Aufgrund der obigen Überlegungen können wir ein Urkonsonantensystem aufstellen, das in Anlehnung an unsere Tabelle (S. 65) folgendermaßen angeordnet werden kann:

	Labial	Dental	Palatal	Guttural	Laryngal
[K 5]	p	t		k	ʔ
	w		j	gh (γ)	h
	m	n		ŋ	mp

Nicht aufgenommen wurden in dieses System *l* und *r*, die ebenfalls sehr
späte Lautprodukte darstellen dürften. Dies ergibt sich aus ihrer äußerst
komplizierten Bildungsweise, ferner aus dem Umstand, daß sie — insbesondere das *r* — in vielen Sprachen der Erde nicht vorhanden sind (vgl. auch
Jakobson 1942.44). Kempelen erwähnte im Jahre 1771, daß die Neuengland-
Indianer in Amerika kein *l* und *r* sprechen konnten, im Englischen ersetzen
sie diese Konsonanten durch *n* („sie sprechen anstatt *lobstar* nobstan", Kempelen 1771.175—176). Die Probleme, die Chinesen und Japaner mit den
europäischen *l/r*-Lauten haben, sind hinreichend bekannt. Vieles spricht somit
dafür, daß *l* und *r* in den europäischen Sprachen aus einem Urliquidalaut L/R
entstanden, in den indogermanischen und uralischen Sprachen teilweise erst
nach der grundsprachlichen Zeit: in den Einzelidiomen der beiden Sprachfamilien gibt es nämlich reichlich einen Wechsel zwischen *l* und *r* (vgl. Bańczerowski 1968, Ondruš 1960). Die beiden Konsonanten ragen auch aus dem
System heraus (s. Abb. 3), sie sind in jeder Beziehung „Sonderprodukte" und
können daher nicht uralt sein.

Aufgenommen wurde in das System [K 5] dagegen *ŋ*, das heute zumeist
nur als Variante des *n* vor *k* und *g* auftritt (wie in li*n*ks, ju*n*ger). In archaischen Sprachen ist dieser Konsonant als selbständiges Phonem vorhanden,
und vieles spricht dafür, daß das heutige *n* ursprünglich nur eine seiner Varianten gewesen ist.

Nicht geschieden wurde bei [K 5] zwischen bilabialer und dentilabialer
Artikulationsart. Wir setzen also hier eine undifferenzierte *labiale Artikulation* an, die sowohl dentilabial als auch bilabial sein kann. Im allgemeinen
räumt man der bilabialen Artikulation die chronologische Priorität ein, diese
Frage kann jedoch erst nach der Durchführung paläoanatomischer Messungen
entschieden werden. Die von Lieberman publizierten Daten über Struktur
und Topologie des Kiefers beim Neandertaler scheinen die These zu bestätigen, daß Menschen dieses Typs zu einer labialen Aussprache noch nicht
fähig waren (Lieberman 1975. passim). Die labiale Aussprache sowohl der
Vokale als auch der Konsonanten dürfte somit eine Feinmodulation darstellen,
die durch den Menschen erst im späten Stadium der anatomischen Entwicklung erworben worden ist. Am ältesten dürfte von den drei labialen
Konsonanten des Systems [K 5] (*p*, *w* und *m*) das *w* sein, dessen Bildung nicht
eine vollständige Schließung der Lippen beansprucht. Wahrscheinlich war
dieses *w* derjenige Konsonant, der den Menschen die Erkenntnis zuführte, daß
die Lippen für Konsonantenbildung verwendet werden können. Gelegentlich
wird er als der Laut bezeichnet, „mit dem wir eine Kerze ausblasen" (Dieth
1968.185). Artikulatorisch steht *w* dem Vokal *u* sehr nahe, so daß wir ein
konsonantisch-vokalisches Archiphonem W/U voraussetzen könnten, aus dem
dann durch Bifurkation einerseits *w*, andererseits *u* entstand. Die große Frage
der Labialgenese ist, wann der Mensch die Fähigkeit erwarb, mit den Lippen
einen Verschluß zu bilden. Erst diese Fähigkeit ermöglichte nämlich die
Bildung von *m* und *p*. Der Unterschied zwischen *p* (bzw. P/B) und *m* besteht

nämlich lediglich darin, daß *p* (P/B) oral, *m* dagegen nasal artikuliert wird. Freilich ist es möglich, auch bei einem unverhältnismäßig langen Unterkiefer die Lippen zu schließen, wie es auch bei Tieren oft beobachtet wurde (vgl. Kempelen 1791.164); dies beansprucht jedoch bei unterschiedlicher Größe des Unter- und Oberkiefers sehr viel Energie. Da der verkürzte Unterkiefer eine Mutation ist, deren Vollendung den Jungpaläolithikern zugeschrieben werden kann, können wir davon ausgehen, daß die Feinmodulation Labialisierung erst mit den Menschen dieser Epoche fest etabliert wurde.

Die *Dentallaute* scheinen entwicklungsgeschichtlich primärer zu sein als die Labialkonsonanten. Die für ihre Artikulation erforderliche Hindernisbildung mit der Zunge geschieht stets an der oberen Zahnreihe, was bei der heutigen Topologie etwas merkwürdig anmutet: Liegt doch die untere Zahnreihe heute viel näher zur Zunge; an der unteren Zahnreihe könnten mit der Zunge Laute wie *t* und *n* unter geringerem Energie-Aufwand erzeugt werden. Daß die Zunge die Hindernisstellung doch an der oberen Zahnreihe einnimmt, kann zum Teil entwicklungsgeschichtliche, zum Teil mechanische Gründe haben. Wir wissen, daß der Unterkiefer des Urmenschen wesentlich länger war als der der Jungpaläolithiker und der Jetztzeitmenschen. Bei einem langen Unterkiefer ist die untere Zahnreihe für die Zunge verständlicherweise schwieriger zu erreichen. Außerdem ist der Unterkiefer beweglich, und zwar nicht nur in vertikaler, sondern auch in horizontaler Richtung. Demgegenüber hat der Oberkiefer im Verhältnis zur Zunge eine stabile Position: Der Oberkiefer ist nämlich nicht beweglich. Ein kleines Experiment kann uns davon überzeugen, daß bei sämtlichen Mundbewegungen ausschließlich der Unterkiefer tätig ist und der Oberkiefer eine Ruhelage einnimmt — es sei denn, wir winken mit dem Kopf, welche Tätigkeit aber nicht durch irgendwelche Bewegung des Oberkiefers, sondern durch die des Halses bewerkstelligt wird. Die obere Zahnreihe hat also eine berechenbar identische Lage bei Hindernisbildungen für die Zunge, wahrscheinlich seit vielen hunderttausend Jahren, und das ist der Grund, warum die Dentalkonsonanten an dieser und nicht an der unteren Zahnreihe erzeugt werden. Menschen, die ihre obere Zahnreihe verloren haben, können jedoch die Dentallaute ohne besondere Schwierigkeit auch an der unteren Zahnreihe bilden. Von den beiden Dentallauten *t* und *n* ist gewiß *n* älter. Dem Nasalen ist nämlich stets eine chronologische Priorität vor dem Oralen einzuräumen (s. weiter unten).

Das *j* ist die konsonantische Variante des *i*, somit vermutlich nicht viel jünger als dieses. Ähnlich dem *w* ist auch das *j* eine Art artikulatorische Drehscheibe, deren Position die Lokalisierungsreihe für die späteren *palatalen Konsonanten* markierte; es gilt als eine Art „Mutterphonem", das weitere Konsonanten im Nachbarbereich erzeugte:

[K 6]   x́ (ç)   ch (x)
            j   gh (γ)

Das *gh* (γ) ist hier die velare Variante des *j*, das *x́* (ç, ich-Laut) sein stimmloses Gegenstück; *ch* erscheint als die gutturale Variante des *x́* (ç) und zugleich die stimmlose des *gh* (γ). Dieses Viereck ist eins der faszinierendsten Partialsysteme der Konsonantengruppen. Das *j* ist übrigens für eine große Anzahl von Lautveränderungen verantwortlich (Palatalisierungen wie *tj* > *t'*, *dj* > *d'*, für *sj* > *š*, *zj* > *ž* usw.).

Es ist schwierig, über das entwicklungsgeschichtliche Alter der *Gutturalen* Überlegungen anzustellen. Grundsätzlich sind aber die Nasallaute oder die nasalierten Konsonanten stets älter als die oralen. Auch ist den Reibelauten — soweit in Urzeiten vorhanden — chronologische Priorität vor den Explosivae einzuräumen. Aus diesen Überlegungen ergibt sich hier die folgende entwicklungsgeschichtliche Reihe: *ŋ*, *gh*, *k*. Das *k* ist heute in sehr verbreiteter Konsonant, *gh* und *ŋ* sind dagegen „ungewöhnliche" Lautprodukte. Sie scheinen aber entwicklungsgeschichtlich dennoch primär zu sein, wenn wir dem Prinzip beipflichten, daß die Urspiranten (s. weiter unten) und Nasale älter sind als die Verschlußlaute. Topographisch (nach Artikulationsstelle) stehen die Gutturalen den Laryngalen am nächsten; um Gutturale bilden zu können, waren — im Gegensatz zum Kiefer-, Lippen- und Zahngebiet — keine umfassenden anatomischen Mutationen erforderlich. Eine exakte phonetische Klassifikation der tierlautlichen (stimmlichen) Signaltypen liegt m. W. nach noch nicht vor (vgl. Marler 1973.57; neuere Hinweise bei Washburn in Harnad 1976.14), wir können jedoch voraussetzen, daß Gutturalkonsonanten in größerer Zahl zum Stimmrepertoire der Wirbeltiere (insbesondere der Primaten) gehören dürften als andere Mitlaute. Durch eine einfache Verlagerung der Artikulationsstelle aus der Larynx in das Pharynx-Gebiet entstehen Gutturallaute. Da Larynx und Pharynx bei den nonhumanen Primaten einander sehr nahe liegen (s. 1.2. oben), ist eine Verschiebung der Artikulationsstelle bei ihnen in diesem Gebiet anatomisch-topographisch einfacher als beim Menschen; allerdings führt eine solche Verlagerung bei den Tieren nicht zur Bildung distinktiver Oppositionen. Glottal stop und ein evtl. *k*, *ŋ* oder *gh* klingen also in der Artikulation nonhumaner Primaten beinahe gleich, sie tragen aber in Rudimenten die Möglichkeit einer distinkten Oppositionsbildung von Anfang an in sich. Im übrigen ist der akustische Eindruck von *h* (ʔ) und *gh* (γ) sowie *ŋ* ziemlich ähnlich; zwischen ihnen unterscheiden kann in der Regel nur der geschulte Phonetiker. Der Laut *gh* besitzt — ähnlich dem *h*, *w* und *j* — auch Komponenten, die vokalisch eingestuft werden können. Auch dieser Umstand spricht dafür, daß diesem gutturalen Reibelaut in der Tat eine hohe chronologische Priorität eingeräumt werden müßte.

Die *Laryngallaute* sind die Urprodukte des menschlichen Stimmapparates. Sie können undifferenziert Vokale und Konsonanten sein und in simultaner Undifferenziertheit stimmhaft/stimmlos (Laziczius 1961.60—61) sowie oral/nasal auftreten. Kempelen hat den folgenden Satz in seinem Buch durch Fettdruck hervorgehoben: „Denn es ist ein ausgemachter Grundsatz, daß man bei geschlossenem Munde und offener Nase ganz und gar nichts anderes hervor-

bringen kann als ein M." (Kempelen 1791.239). Hier irrte sich der große
Phonetiker: unter den von ihm beschriebenen Bedingungen kann man sehr
wohl ein *h* (und *ʔ*) artikulieren: die Verwunderung ausdrückende Interjektion
hm ist ein gutes Beispiel dafür. So besteht für uns kein Zweifel darüber, daß
der Laryngallaut der Urprototyp jeglicher vokalischen und konsonantischen
Lautbildung ist, in den ähnlich einem Gen oder einer DNA-Einheit alle Fein-
modulationsmöglichkeiten der späteren humanen Lautbildung hineinprogrammiert sind: vokalisch/konsonantisch, nasal/oral, Verschluß/Spirant,
stimmhaft/stimmlos (oder was beinahe das gleiche ist, lax/tense, lenis/tenuis,
media/fortis, vgl. Laziczius 1961.53, Jakobson 1951). Wenn wir nun den
Laryngallaut mit allen seinen möglichen Eigenfähigkeiten, deren Entfaltung
die heutigen Vokale und Konsonanten im einzelnen erzeugte („generierte"),
in einer einzigen Formel erfassen wollen, erhalten wir

[K 7] . . . $_4V_3V_2V_1VH/HC_1C_2C_3C_4$ . . .

wobei V verschiedentlich gebildete Vokale, C verschiedentlich gebildete Konsonanten anzeigt. Auch die folgende Formel wäre verwendbar:

[K 8]   üea/hkpwm

wobei auf der Vokalseite vertikale und horizontale Zungenlage sowie die
Lippenbeteiligung, bei den Konsonanten dagegen die oben angeführten Korre-
lationen durch konkrete und typische Lautprodukte symbolisiert sind. Wären
wir einer gewissen Prätentiosität nicht abhold, könnten wir in diesem Urlaut-
symbol die *Weltformel der Lautgenese* erblicken.

Wir gehen jetzt dazu über, das als Arbeitshypothese aufgestellte [K 5]-
System (s. oben) entsprechend unseren Ergebnissen neu zu ordnen. Die Laryngallaute sind aus dem System auszugliedern, da sie keine gewöhnlichen Laute,
sondern die Archetypen der humanen (und tierischen) Stimmproduktion darstellen. In der Lautgenese müssen sie eine hervorgehobene Sonderstellung erhalten. Wenn wir die nasale Variante des Laryngallautes als *hm* bezeichnen,
erhalten wir für seine konsonantische Ausprägung die folgende Formel:

[K 9]   ʔ/h/hm

Da der Mensch ursprünglich — ähnlich dem Tier — die Nasenhöhle von der
Mundhöhle nicht zu trennen vermochte, sind die Nasalkonsonanten gewiß
uralt und primär. Nicht zu vergessen sei hierbei die physiologische Tatsache,
daß das ursprüngliche alleinige Organ der Atmung die Nase gewesen war.
Viele Tiere atmen bis heute ausschließlich durch die Nase. Kempelen hat
hierzu folgendes vermerkt: „Weil die Pferde nie durch das Maul atmen, so
schlitzen ihnen manche Tataren die Nasenlöcher weiter auf, in der Absicht,
ihnen das Atmen beim schnellen Laufen zu erleichtern" (Kempelen 1791.105,

Fußnote). Die Stimmprodukte der nonhumanen Primaten sind in der Tat alle mehr oder weniger nasalisiert, da diese Tiere die Mundhöhle von der Nasenhöhle nicht trennen können. Eine durchgehend nasalisierende Stimmproduktion muß auch für den Neandertaler vorausgesetzt werden. Die Fähigkeit, die Nasenhöhle von der Mundhöhle durch das Gaumensegel zu trennen, ist ausschließlich neo-human. Eine vollständige Ausschaltung der Mundhöhle kann der Mensch nur bei der Bildung des *m* erreichen, bei dessen Artikulation die Luft ausschließlich durch die Nase entweicht (Kempelen 1791.303). Dies wird aber nicht durch eine luftundurchlässige Gaumensegel-Barrikade, sondern durch die hermetische Schließung der Mundlippen erreicht. Die Mundschließung ist jedoch eine s e k u n d ä r e anatomische Tätigkeit des Menschen, somit muß das *m* jünger sein als *n* und *ŋ*. Da jedoch die Dentale wiederum sekundär sind im Vergleich zu den Gutturalen, ergibt sich für die *Nasale* die folgende entwicklungsgeschichtliche Reihe:

[K 10] hm ‖ ŋ   n   m

Bei *ŋ* und *n* ist die Trennung der Mundhöhle von der Nasenhöhle unvollkommen; aus diesem anatomischen Grunde müssen *ŋ* und *n* ursprünglicher sein als *m*. Im übrigen kann die Nasenhöhle bei oraler Artikulation von der Mundhöhle vollständig getrennt werden, die Mundhöhle jedoch bei einer nasalen Luftstromrichtung von der Mundhöhle nicht. Anders gesagt: es gibt eine rein orale Artikulation, es gibt jedoch keine reine nasale. Bei der Bildung „nasaler" Vokale und Konsonanten (eigentlich auch bei *m*) ist die Mundhöhle stets eingeschaltet.

Wir nehmen als Arbeitshypothese an, daß die vier Urspiranten *h*, *gh*, *j* und *w* älter sind als die vier Explosivlaute, sie dürften aber jünger sein als die Nasallaute. Sie sind nämlich reine Orallaute, bei ihrer Bildung schließt das Gaumensegel hermetisch die Mundhöhle von der Nasenhöhle ab, wodurch die Nasenhöhle als Resonator völlig ausgeschaltet ist. Diese komplette Abschaltungstechnik kann nur als ein verhältnismäßig später Humanzug aufgefaßt werden. Bezeichnend ist, daß die vier *Urspiranten* alle stimmhaft sind. Wenn wir sie den vier Explosivae *p*, *t*, *k*, *ʔ* in isolierter Einzelartikulation gegenüberstellen, dann wird vor allem der quantitative Unterschied ins Auge fallen. Die Verschlußlaute sind sehr kurze Spiranten, eigentlich nur Varianten der letzteren, die wahrscheinlich nach der Herausbildung der Lautsequenzen beim schnellen Sprechtempo in intervokalischer Position entstanden sein dürften. Die Urexplosivae *p*, *t*, *k* dürften demnach im Vergleich zu *w*, *j* und *gh* Spätprodukte sein.

Unter Berücksichtigung aller Beobachtungen ergibt sich die folgende Aufstellung für die Konsonantengenese (‖ zeigt die Trennung zwischen Laryngal und Non-Laryngal an):

Stadium 1.   Laryngallaut ʔ/h/hm
              Vorhuman, bei Tieren bis heute

Stadium 2.   Urnasallaute: mh ‖ ŋ, n, m
Teilweise vorhuman, *m* nur human

Stadium 3.   Urspiranten h ‖ gh, j, w
Vorhuman, bei Primaten bis heute

Stadium 4.   Urexplosivae nach Einführung der Lautsequenz ? ‖ k, p, t
Die Konsonanten *k*, *p*, *t* als Stimmlaute nur human (als Schnalzlaute vielleicht vorhuman)

Die Explosivlaute *k*, *p*, *t* — die im Hinblick auf die Stimmtonkorrelation ursprünglich neutral waren — wiesen die Möglichkeit einer stimmlosen Aussprache auf. Als eigenständige Phoneme erschienen jedoch ihre stimmhaften Gegenstücke verhältnismäßig spät — in den uralischen Sprachen z. B. nur einzelsprachlich (Ungarisch, Permisch, nicht aber in den restlichen ca. 20 Idiomen). Die Stimmtonkorrelation dürfte demnach ursprünglich nur als ein konkomitanter Zug der Opposition frikativ/explosiv gewesen sein.
Wenn wir nun eine entwicklungsgeschichtliche Reihe für die Konsonantengenese aufstellen wollen, erhalten wir als Hypothese

[K 11] ʔ/h ‖ ŋ n j w gh | m k t p

wobei die nonhuman/human-Schwelle zwischen *gh* und *m* liegen dürfte. Den Stellenwert der einzelnen Kosonanten möge künftige Forschung geringfügig ändern, dennoch können wir die Behauptung schon jetzt wagen, daß die obigen zehn Konsonanten die altertümlichsten phonetischen Bauelemente der Humansprache bilden.
Die Oralität der Lautbildung ist ein Humanzug; abgesehen von *hm*, ŋ, *n* und *m* sind alle unseren Konsonanten und Vokale Orallaute, die unter Ausschaltung der Nasenhöhle als Resonator gebildet werden. Dies ist nur möglich geworden, weil der Mensch fähig ist, die Luftmassen — im Gegensatz zu den Tieren — nicht nur durch die Nase, sondern auch durch den Mund zu leiten. Nur der Mund ermöglichte durch seine reichliche Organausstattung die zur Artikulation erforderlichen Hindernisstellungen der Zunge, der Zähne und der Lippen; bei „nur-Nasenatmung" wäre eine differenzierte Lautbildung infolge der geringfügigen Gliederungen und Verstellungsmöglichkeiten des Luftwegkanals nie möglich gewesen. Anatomisch gesehen ist die Oralartikulation zu einem wesentlichen Teil das Werk des Gaumensegels, das die Mundhöhle von der Nasenhöhle trennt und dadurch eine artikulierte, vielfältige „nur-orale" Lautbildung ermöglicht. Solange die höheren nonhumanen Primaten den anatomischen Entwicklungsstand des menschlichen Gaumensegels nicht erreichen, ist es zwecklos, von ihnen echte Lautsprache zu erwarten. Die Verlagerung der Lautartikulation in das Mundgebiet hat beim Menschen kompensatorische Ausmaße angenommen, die altertümlichere Nasalartikulation wurde in der Humansprache als „excess baggage" auf ein Minimum

gesenkt. Die Elektrizität hat hier das Gas verdrängt, ein Vorgang, der sich in der Geschichte der Humanzivilisation unzählig wiederholte. Die Oralartikulation ist endgültig perfekt: über sie hinaus gibt es keine Neuerung mehr.

2.3 *Lautsequenzgenese.* — Einzelne Laute — mitunter auch klangfarbträchtige — können auch von Tieren erzeugt werden: Lautsequenzen hat dagegen nur der Mensch systematisch aufgebaut. Ihre Einführung ist an jener Stufe der Entwicklung erforderlich geworden, an der Einzellaute für die Bezeichnung des vorhandenen und sich schnell vermehrenden Begriffsvorrats nicht mehr ausreichten. Das Modell der Lautsequenz ist in den Laryngallaut hineinprogrammiert, der zu gleicher Zeit Vokal/Konsonant und Konsonant/Vokal sein kann. Ein ʔ ist ohne ə schwer vorstellbar; somit ergeben sich aufgrund des Laryngallaute die folgenden rudimentalen Lautsequenzen:

ʔə, hə, əʔ, əh, ʔəh, həʔ, həh, usw.

Hier liegen schon die bis heute gültigen Silbentypen KV, KVK und VK vor, wobei der konsonantische Silbenbeginn vermutlich von Anfang an bevorzugt worden ist.

Im übrigen gibt es zwei Möglichkeiten für die Entstehung der Lautsequenz:

Division: Ein sehr langes Laut-, Klang- oder Geräuschzeichen wird ein oder mehreremal unterbrochen

Addition: Mehrere kurze Laute werden aneinander gereiht. Dieser Typus scheint verbreiteter zu sein.

Es wurde vorausgesetzt, daß die Humansprache in ihrem frühesten Stadium entweder einlautige oder einsilbige Wörter besaß. Als die einlautigen und die einsilbigen Wörter für die Bezeichnung des Begriffsvorrats nicht mehr ausreichten, begann man zweisilbige Wörter zu bilden. Ein solcher Bedarf ist jedoch wahrscheinlich erst spät zum Steuerungsprinzip der Sprachentwicklung geworden. Die Generierung der Vokale (2.2.1) und der Konsonanten (2.2.2) nahm gewiß mehrere Jahrzehntausende in Anspruch. Dennoch dürfte das Konzept der Lautsequenz nicht eine revolutionäre Neuerfindung späten Datums sein. Einzellaute gibt es nach gewissen Interpretationen überhaupt nicht. Ein Vokal, der in der Schrift allein erscheint, hat in der Aussprache stets ein konsonantisches Element bei sich. Demnach sind Selbstlaute und Mitlaute irreführende Bezeichnungen: auch der Selbstlaut ist ein Mitlaut, da er nicht ohne einen Konsonanten ausgesprochen werden kann. Wo aber zwei Laute — insbesondere ein Vokal und Konsonant — zusammen ausgesprochen werden, haben wir es schon mit einer Lautsequenz zu tun. Alles in allem ist daher die Lautsequenz, ein typisches Humanprodukt, nicht wesentlich jünger als die Lautproduktion selbst. Freilich mit einem sehr wichtigen Unterschied:

Die Lautproduktion ist in ihren isolierten Einheiten in allen Sprachen der Welt gleich, die Lautsequenzproduktion in ihrer materiellen Realisierung dagegen unterschiedlich. Die Lautsequenzen bestehen in jeder Sprache aus Vokalen und Konsonanten, bei ihrer Anreihung können wir zwar typische universal-gültige Schemen feststellen: die Ausfüllung dieser Modelle durch Lautstoff ist jedoch grundsätzlich unterschiedlich. Ob wir nun die Sprach- und insbesondere die Lautsequenzentstehung mono- oder polygenetisch auffassen, ob wir für das Lautsequenz-Prinzip ein hohes oder niedriges Alter ansetzen, eins dürfte jedem einleuchten: die gegenwärtigen Lautsequenzen der vier bis sechstausend Sprachen der Erde, soweit sie innerhalb einer Sprachfamilie nicht als genetisch verwandt nachgewiesen wurden, sind voneinander gewiß unabhängig entstanden, auch wenn sie — sehr oft mehr als weniger — Gleichklänge darstellen. Lautgenese und Lautsequenz-Prinzip sind archetypisch (elementar-universell), die materielle Realisierung der Lautsequenzen ist dagegen in den Völkersprachen und Sprachfamilien individuell. Nach der Terminologie von Hugo Schuchardt (1842—1927) und Adolf Bastian (1826 —1905) verkörpern Lautstruktur und Lautsequenz-Modelle eine elementare Verwandtschaft; die elementaren Übereinstimmungen werden Archetypen genannt, die unabhängig von Kontaktbeziehungen als reflexartig programmierte urzeitliche Ähnlichkeiten in Kultur und Sprache bestehen (Schuchardt 1912, Sebeok 1972.106). Der Bastian-Schuchardtsche Elementargedanke wurde in der Linguistik von dem Paläolinguisten Richard Fester eingeführt (Fester 1972 und 1973). Freilich muß hier stets betont werden, daß eine elementare Übereinstimmung nicht als Beweis für eine genetische Verwandtschaft angeboten werden kann. Als die bisher wichtigste These der Lehre über die Sprachuniversalien kann die Feststellung angesehen werden, nach der ein universal gültiges Merkmal typologisch und genetisch irrelevant sei. Allgemeingültiges kann nicht als typisch angesehen werden, es kann nicht ein differenzierendes Spezifikum abgeben (Décsy 1970.17).

Was wir mit großer Wahrscheinlichkeit voraussetzen können, ist, daß der Mensch vermutlich sehr lange Zeit mit einsilbigen Wörtern auskam. Da die Vokale und Konsonanten nicht alle zu gleicher Zeit entstanden, wäre es gewagt, ein bestimmtes Phonemsystem für eine bestimmte vorgeschichtliche Epoche auch nur hypothetisch anzusetzen. Wenn wir z. B. die drei Vokale des Systems V 3 : 1 (2.2.1) und des K 5 (2.2.2) für die Zeit um 10 000 Jahre v. Chr. für eine mögliche Ursprachform ansetzen, erhalten wir einen Phonemvorrat, der aus drei Vokalen und 10 Konsonanten besteht (wobei ʔ, h und hm als ein Phonem gelten). Wenn wir für diese 13 Phoneme die möglichen Kombinationen mit der Einschränkung, daß nur die Sequenzen KV und KVK zulässig waren, errechnen, kommen wir zu den folgenden Ergebnissen:

K V			K V K			Gesamt
10. 3	=	30	10. 3. 10	=	300	330

Das bedeutet, daß die Zahl der theoretisch möglichen Lautsequenzkombinationen 330 war. Eine Sprache nutzt aber erfahrungsgemäß kaum mehr als 50 % der bestehenden theoretischen Möglichkeiten der Lautsequenzbildung aus. Das bedeutet, daß eine Sprache, der ein Phonemsystem mit 3 Vokalen und 10 Konsonanten eigen war, ca. 150 einsilbige Lautsequenzen besessen haben könnte. Ein Begriffsvorrat in dieser Höhe ist den Menschen der Steinzeit in der Tat zuzumuten. Die Zahl der Wörter, die für die indogermanische und uralische Grundsprache (beide um 4000 v. Chr.) durch die lexikalische Komparativistik erschlossen worden sind, kann jeweils auf ca. 1000 beziffert werden. Der erschlossene Wortschatz stellt schätzungsweise 50 % des faktischen Wortmaterials und 25 % der mathematisch möglichen Lautsequenzen der jeweiligen Grundsprache dar (vgl. Hajdú 1967). Wir können also für die Zeit um 4000 v. Chr. mit rund 2000 faktischen Wörtern und ca. 4000 theoretischen Lautsequenzmöglichkeiten in den beiden ziemlich gut bekannten europäischen Grundsprachen rechnen (vgl. Décsy 1973.10), allerdings bei etwas größerer Anzahl von Phonemen und bei zweisilbigen Wortstammstrukturen (KVKV, gewiß im Uralischen, bei Flexion auch im Indogermanischen). Hatten Indogermanisch und Uralisch um 4000 v. Chr. 2000 faktische Wörter, dann erscheinen uns 350 Lautsequenzen für die Zeit um 10 000 v. Chr. als realistische Schätzung. Freilich kann es Epochen gegeben haben, in denen sich der Begriffsvorrat rapider vermehrte und die Zahl der Lautsequenzen sich sprunghaft erhöhte. Solche Innovationen spielten sich aber in engeren Sprechergemeinschaften gewiß nicht viel früher als einige Jahrtausende vor der Zeit ab, die wir durch die vergleichende Sprachwissenschaft als grundsprachliche Epochen erschließen können. Die Wort- und Lautsequenzvermehrung hat stets semantische oder grammatische Gründe, daher gehört sie vielmehr in die Semogenese als in die Phonogenese (s. Kapitel 3, Einleitung, Band II). Hier soll nur als sehr wichtiger Fakt festgehalten werden, daß die Lautsequenz-Produktion in unzähligen kleinen Sprechergemeinschaften der Erde verhältnismäßig spät voneinander unabhängig durchgeführt wurde. Die Unterschiede zwischen den vier- bis sechstausend Sprachen unserer Erde bestehen nicht im Phonemsystem, auch nicht in den sog. Silbentypen, sondern in den stofflich unterschiedlich kombinierten Lautsequenzen. Das Urbabel wurde nicht auf phonetisch-phonemischer, sondern auf Lautsequenz-Ebene erzeugt.

2.4 *Lauteigenschaften.* — Die Klangfarbe (Qualität) ist die tonspezifische (spezielle) Eigenschaft, Druckstärke, Dauer und Tonhöhe sind dagegen die allgemeinen Eigenschaften des Lautes. Sowohl die qualitativen als auch die allgemeinen Eigenschaften können akustisch analysiert und definiert werden. Die entsprechenden Fakten sind in den Handbüchern der Phonetik systematisiert (vgl. wenigstens Dieth 1950.139 ff., Laziczius 1961. 80 ff., von Essen 1962.117ff.). Die allgemeinen Lauteigenschaften Druckstärke, Dauer (Quantität) und Tonhöhe sind gewiß viel älter als die speziellen. Sie werden nicht nur aus chronologischen, sondern auch aus funktionellen Gründen als primär angesehen. Spezielle Lauteigenschaften gibt es ohne allgemeine nicht: Druck, Dauer und Tonhöhe sind das Vehikel der Rede, ohne sie kann kein Vokal und Konsonant gebildet werden. Die speziellen Lauteigenschaften sind raffinierte physiologische Feinmodulationen, eigen nur dem Menschen: die allgemeinen sind dagegen menschunabhängig. Druck, Dauer und Höhe hat jeder Laut, ohne diese allgemeinen Lauteigenschaften sind Schall, Geräusch, Stimme oder Laut mutatis mutandis nicht vorstellbar. Sie müssen auch für das Urlautkontinuum HE/EH vorausgesetzt werden (2.1.4). Der Ungar I. Molnár faßte spezielle und allgemeine Lauteigenschaften in bemerkenswerte Kombinationsgruppen zusammen: nach ihm wären alle Schallprodukte in vier große Gruppen einzuteilen: gebundene Höhe und freie Qualität ergibt Musik, freie Höhe und gebundene Qualität die Humansprache, gebundene Höhe und gebundene Qualität den menschlichen Gesang und freie Höhe und freie Qualität — mitunter auch Klangfarblosigkeit — alle anderen Schallprodukte unserer Umwelt. Nach Molnár sind allerdings Qualität und *Höhe* die speziellen, Druck und Dauer die allgemeinen Lauteigenschaften; die letzteren verbinden die Lautproduktion mit physischen Bewegungen (Deme 1958.134; vgl. auch Jakobson 1942.26). Im Gegensatz zu Molnár rechnen wir hier die Tonhöhe zu den allgemeinen Lauteigenschaften.

Die Phonetiker pflegen die drei allgemeinen Lauteigenschaften — ähnlich der Klangfarbe — nur Vokalen zuzuschreiben. Da jedoch Vokale ohne Konsonanten faktisch nicht bestehen können, müssen die drei allgemeinen Lauteigenschaften auch bei den Konsonanten konstituierende Elemente darstellen. Phonologisch erlangen sie Relevanz allerdings nur dort, wo sie für Uterscheidung von Bedeutungen verwendet werden. In solchen Fällen treten sie in zwei unterschiedlichen Ausprägungen auf, und wir sprechen über Akzentkorrelation (Stroneme), Quantitätskorrelation (Chroneme) und Tonhöhenkorrelation (Toneme). Eine Sprache, die keine Klangfarbenvokale hat (sondern nur z. B. ə als „Einzelvokal", „Generalvokal"), könnten wir monophon nennen. Unsere heutigen Sprachen sind alle polyphon, die (vor)indogermanische Sprachepoche dürfte — bei einer extremen Auslegung der Saussurischen Laryngaltheorie — als monophon bezeichnet werden (Szemerényi 1970.114 —115). Für die Bezeichnung des Vorhandenseins oder Fehlens der entsprechenden Lauteigenschaften können die dichotomischen Oppositionen monochron/bichron (polychron), monostron/bistron (polystron), monoton/biton (polyton) verwendet werden (Deme 1958.135). Es bieten sich auch die Ausdrücke Chron-Sprache, Stron-Sprache und Tonsprache an, die freilich nur soviel andeuten, daß in den betreffenden Sprachen die fraglichen Lauteigenschaften binaristische Opposition bilden und Bedeutungsunterscheidung anzeigen. Die trialistische Klangfarben-Korrelation der Vokale

$$
\begin{array}{ll}
u & i \\
o & e \\
a & ä \text{ usw.}
\end{array}
$$

ist bestimmt jünger als die sprachliche Verwendung der drei allgemeinen Lauteigenschaften. Unterschiede in der Druckstärke, der Lautdauer und Tonhöhe
stellen die uralten Formen der Variabilität des Urlautkontinuums dar
(2.2.1.4). Die Oppositionen betont/unbetont, lang/kurz, und toniert/untoniert
wurden jedoch mit der Einführung der stark gegliederten Klangfarben-Korrelation der Vokale (insbesondere der trialistischen) und des vielfältigen Arti-
kulations-Spezifikums bei den Konsonanten als „excess baggage" entbehrlich.
Sie werden jedoch aus Großmutters Rumpelkammer immer wieder neu her-
vorgeholt. Auf lange Zeitepochen gesehen sind Lautveränderungen im Bereich
des Akzents, der Quantität und der Tonhöhe gang und gäbe: allein in der
historischen Zeit wurden bichron-Sprachen (wie Latein, Urslawisch) mono-
chron (romanische Sprachen, Polnisch) und monochrone biochron. Bezeichnend
ist, daß in der Prosodie die Lauteigenschaften Akzent, Quantität und Tonhöhe eine wichtigere Rolle spielen als Vokalqualität und Konsonanten-
Spezifikum; die letzteren werden nur im Reim verwendet, eine Klangfigur,
die in ihren klassischen Ausprägungen wie Endreim und Stabreim (Allite-
ration) ein Produkt des frühen Mittelalters ist. Druckstärke und Quantität
spielten dagegen gewiß schon viel früher in der Dichtkunst bei allen Völkern
der Erde eine tragende Rolle.

    Wir unterstellten, daß einige von den allgemeinen Lauteigenschaften auch
für die Konsonanten vorausgesetzt werden können. Dennoch gelten Druckstärke, Quantität und Ton nach der volkstümlichen Auffassung als Vokal-
eigenschaften. Die Klangfarbe (Qualität) ist z. B. eine eindeutig vokalische
Eigenart. Die Frage ist, welche spezifisch konsonantischen Lauteigenschaften
können für die Mitlaute angesetzt werden? Anders gesagt: was ist das konsonantische Artikulations-Spezifikum? Theoretisch alles, was in einem Mitlaut
nicht *h* oder nicht *ʔ* ist: herkömmlich gruppiert nach Artikulationsstellen
(Labial, Dental, Velar usw.) und Artikulationsarten vorzugsweise entsprechend der Hindernisstellungen (Explosivae, Spirantes usw.): Entwicklungsgeschichtlich ist auch die Opposition stimmhaft/stimmlos eine konsonantische
Lauteigenschaft, die zur Entstehung neuer Phoneme führen kann. Von be-
sonderer Bedeutung sind freilich solche Konsonanten-Spezifika, deren phonem-
bildende Fähigkeiten noch nicht erschöpft sind. Eine weit verbreitete Erscheinung dieser Art ist die sog. Palatalisierung der Konsonanten, gut bekannt aus
dem Russischen und zahlreichen anderen Sprachen (Décsy 1973.201—202).
Bei diesem phonologisch schwer bewertbaren Phänomen geht es offensichtlich
um den Einschub des urvokalisch-urkonsonantischen Elements *i/j* in die
Kosonantenbildung (vorwiegend in ihre Endphase, in die sog. Explosion,
Laziczius 1961.51 und 57). Von dem anderen urvokalisch-urkonsonantischen
Element, dem *u/w* wird die sog. Labialisierung der Konsonanten verursacht.
Gewöhnlich tritt sie jedoch nur im Zusammenhang mit bestimmten Konso-
nantenreihen auf, so im Indogermanischen bei den Gutturalen (Krahe 1958.73,
Szemerényi 1970.61; vgl. auch Dieth 1950.270 ff.). Bemerkenswert ist die
Labialisierung des *r* im Englischen in Fällen wie *write* — eine Erscheinung,

die sich die Englisch lernenden Ausländer nur schwer angewöhnen können.
Zukunftsträchtige Modifikation ist auch die Aspiration, die vor oder nach
dem Konsonanten auftreten kann (Präaspiration, Postaspiration). Hierbei ist
eigentlich der Urkonsonant *h* involviert: das Modifikationselement ist also
uralt, was freilich nicht bedeutet, daß die Aspiration selbst auch alt sein muß.
Hier kann sich die Sprache wieder etwas aus Großmutters Rumpelkammer
geholt haben. Die Aspiration ist ein kennzeichnender Zug der nördlichen
germanischen Sprachen und teilweise des sog. Wikinger-Bundes (Décsy 1973.
43 ff.). Hier liegt eine Art Relaryngalisierung der Aussprache vor, ähnlich
wie im deutschen Harten Einsatz oder im dänischen und lettischen Stoß
(Dieth 1950.99 und 103, 106 usw.). Besonders sei auf die Modifikations-
strukturen der Präaspiration in den keltischen, in den nordwestgermanischen
Sprachen, im Lappischen sowie Finnischen hingewiesen, die phonologisch in
den genannten Idiomen recht unterschiedlich bewertet wird: teilweise als
h + K (finnisch *lehti* 'Blatt'), teilweise als stimmloser Vokal + K (im Lappischen oft, Isländisch). Auf jeden Fall geht es hier um eine Begünstigung der
Laryngallaute in Positionen, die außerhalb der genannten Sprachen in Europa
nicht anzutreffen ist.

Die Möglichkeiten der Lautgenese sind bisher in keiner der uns bekannten
Sprachen erschöpft. Die speziellen Lauteigenschaften ermöglichen es sowohl
bei den Vokalen als auch bei den Konsonanten, durch Modifikationen
(Begriff Dieth 1950.271) Varianten und aus diesen durch Phonologisierung
selbständige Phoneme zu erzeugen. Es ist aber äußerst unwahrscheinlich, daß
die Sprachen von diesen Möglichkeiten Gebrauch machen würden. Die Erfahrung zeigt, daß auch solche Sprachen, die ein sehr umfangreiches Phoneminventar bis zu 60 oder 70 Einheiten besitzen, nie mehr als 20 bis 22 Phoneme
mit einer Vorkommenshäufigkeit über 2 % benutzen. Solche Phoneme nennen
wir nukleare Phoneme (Décsy 1970.10). Die übrigen sind die marginalen
Phoneme, die zwar im Phoneminventar voll ausgebildet als unabhängige
artikulatorische Einheiten vorhanden sein mögen, benutzt werden sie jedoch
nur selten. Die Sprache ist im Hinblick auf die Zahl der Zeichen oft ver-
schwenderisch, bei ihrer Verwendung jedoch äußerst sparsam. Dies bezieht
sich nicht nur auf die Phoneme, sondern auch auf höhere Organisationsformen
der menschlichen Sprache wie Wortschatz, Syntax, Morphologie.

Nachwort

Die vorliegende Arbeit entstand während eines Forschungsfreisemesters, das mir die Universität Hamburg für die Zeit vom Oktober 1976 bis Februar 1977 gewährte. Meine ursprüngliche Absicht war dabei, die Laryngaltheorie im Rahmen der uralisch-indogermanischen Sprachbeziehungen einer Neubewertung zu unterziehen. Die Revision der Thesen, die die Laryngaltheorie bisher als eine innerindogermanistische Angelegenheit auswiesen, führte zu dem Ergebnis, daß dieses phonetische Erklärungsprinzip eine über die indogermanische Sprachwissenschaft hinausgehende Geltung haben dürfte: es gibt uns den Schlüssel zur Enträtselung der Phonations-Entstehung und damit der Herkunft der menschlichen Sprache im allgemeinen in die Hand.

Das Manuskript dieses Buches lag schon abgeschlossen vor, als das Sammelwerk „Origins and Evolution of Language and Speech" (Annals of the New York Academy of Sciences, vol. 280, Editors Stevan R. Harnad, Horst D. Steklis und Jane Lancester, vgl. Harnad 1976 im Literaturverzeichnis) erschien. Ich war bemüht, die Ergebnisse dieser Publikation wenigstens in Form von Hinweisen in mein Buch noch einfließen zu lassen. Ich konnte mit Genugtuung feststellen, daß die Thesen der vorliegenden Arbeit durch die Ergebnisse der Harnad-Publikation in vielen Punkten bestätigt worden sind. Gesondert möchte ich auf die terminologische Neuerung „Protolinguistik" von Roger W. Wescott hinweisen (Harnad 1976. 104 ff.), worunter im wesentlichen die klassische Vergleichende Sprachwissenschaft und ihre Methode verstanden wird. Diese gelungene Innovation läßt die Termini „Paläolinguistik", „Paläophonetik", „Paläosemiotik", die in diesem Buch für die Untersuchung der vorgrundsprachlichen Sprachgeschehen verwendet werden, als begrifflich und chronologisch klar umgrenzt erscheinen. Freilich können Wescotts Bemühungen, im Rahmen der Paläolinguistik — ähnlich dem Deutschen Fester — eine „Universal Proto-Speech of the Upper Paleolithic Period" durch Sprachvergleichung zu erschließen (Wescott 1974. 115—116), noch nicht als erschöpfend angesehen werden. Auch erscheint mir die These über eine gemeinsame Herkunft aller Sprachen der Erde, die heute teilweise mit dem Hinweis vertreten wird, die Verfechter der Polygenese seien beweispflichtig, die der Monogenese dagegen nicht (Wescott in Harnad 1976. 104), wenig überzeugend. Nach meiner Auffassung können die anatomischen Voraussetzungen der menschlichen Sprache und die Phonation monogenetisch, die Lautsequenzproduktion dagegen polygenetisch erklärt werden, wobei der Begriff Monogenese elastisch aufgefaßt werden müßte (s. 1.3.6 und 2.4). Auch wenn wir uns die Entwicklung der menschlichen Sprache(n) ähnlich einem Stammbaum vorstellen, wird an der Spitze dieses nicht eine Familie oder ein solitäres Einzelwesen, sondern eine größere soziale Gemeinschaft stehen.

Hier seien noch weitere wichtige Thesen der Harnad-Publikation erwähnt: Betonung der Lateralisation im humanen Körperbau als Voraussetzung der Intellekthandlungen (als Gegensatz zur absoluten Symmetrie rangniedriger Tiere), Konstituierung einer humanen Paläoneurologie, Klärung des Verhältnisses zwischen Ontogenese und Phylogenese in der Entwicklung der Humansprache, entschlossenes Engagement gewichtiger Forschergruppen für die Herkunft der humanen Lautsprache aus Gesten/Gebärden (Hewes, Wescott, Harnad, Steklis, Stokoe), neue Thesen und Data zur Zoophonetik, Zoosemiotik, Kindersprache sowie Forschungsgeschichte der Sprachentstehung.

Mit der Lautgenese (s. Kapitel 2 in diesem Buch) hat sich bisher Roman Jakobson in seiner Arbeit „Kindersprache, Aphasie und Allgemeine Lautgesetze" am eingehendsten befaßt (Jakobson 1942, jetzt auch Selected Writings 1. 328—401). Eine große Anzahl der Thesen von Jakobson (zu ihrer Gesamtwertung s. Szemerényi 1971. 85 ff.) konnte in diesem Buch bestätigt werden. Freilich läßt die allgemeine Entwicklung der Evolutionslehre die von Jakobson u. a. noch konsequent vertretene Annahme, daß die Phylogenese von der Ontogenese rekapituliert wird (vgl. Jakobson 1942. 51, 77), heute nicht mehr zu. Am deutlichsten wird dieses Prinzip durch die unterschiedliche Struktur des Kiefers und der Lippen bei Urmensch und Kleinkind widerlegt. Die Labialkonsonanten, die beim Kind verhältnismäßig früh auftauchen, können also entstehungsgeschichtlich nicht primär sein.

Für fachliche Gespräche, bibliographische Hinweise und Ratschläge danke ich den Herren Dietrich Gerhardt (Hamburg), Thomas A. Sebeok (Bloomington, Ind.) und Oswald Szemerényi (Freiburg, Br.). Im Korrekturlesen hat mich Herr Oberstudienrat a. D. Gerhard F. Grohe unterstützt. Die Verantwortung für den Inhalt des Buches liegt jedoch ausschließlich bei dem Autor.

Zu Dank bin ich verpflichtet der Universität Hamburg für die Gewährung eines Forschungsfreisemesters und der Indiana University (Bloomington, Ind.) für die Ermöglichung eines Amerika-Aufenthaltes, ohne die dieses Buch nicht hätte erstellt werden können.

Hamburg, den 22. Februar 1977.

Gyula Décsy

Literatur und Abkürzungen

Anttila 1972 (Raimo):   An Introduction to Historical an Comparative Linguistics. New York-London: The Macmillan Company

Arany 1969 (László A.):   Das finnougrische und das Urungarische in der eurasischen Lautlandschaft. UAJb 41 (1969).112—127

Arens 1969 (Hans):   Sprachwissenschaft. Der Gang ihrer Entwicklung von der Antike bis zur Gegenwart. Zweite Auflage. Freiburg-München: Verlag Karl Albert

Bańczerowski 1968 (Jerzy):   Indoeuropäisches *r* und *l*. Lingua Posneniensis 13/14 (1968).55—61

Borst 1957 (Arno):   Der Turmbau von Babel I—IV. Stuttgart: Anton Hiersemann 1957—1963

Bergmann 1968 (Peter M.):   The Concise Dictionary of 26 Languages in Simultaneous Translation. New York, N. Y.: Signet 451-J 7018

Bronowski 1974 (Jacob):   The Ascent of Man. Boston-Toronto: Little and Brown and Company

Bunak 1973 (V. V.):   Die Entwicklungsstadien des Denkens und des Sprachvermögens und die Wege ihrer Erforschung. In: Schwidetzky 1973.226—252

Bussenius 1950 (Arno):   Zur Problematik der Sprachentstehung. Phonetik 4(1950).1—41, 191—219, 296—319, 5(1951).36—58, 154—181

Décsy 1960 (Gyula):   Das Vokalsystem der ostjakischen Schriftsprache. UAJb 32(1960).164—174

Décsy 1966 (Gyula):   Yurak Chrestomathy. Bloomington-The Hague: Indiana University and Mouton and Co.

Décsy 1970 (Gyula):   A Search for Universals in the Finno-Ugric Languages. UAJb 42(1970).9—17

Décsy 1973 (Gyula):   Die linguistische Struktur Europas. Wiesbaden:Otto Harrassowitz

Deme 1958 (László):   A hang négy tulajdonságának fonológiai felhasználásához [Zur phonoloigschen Zunutzemachung der vier Lauteigenschaften]. In: Benkő, Loránd (ed.): Magyar Hangtani Dolgozatok. Tanulmánygyűjtemény. Budapest: Akadémiai Kiadó 1958. Nyelvtudományi Értekezések 17. sz.

Dieth 1950 (Eugen): Vademekum der Phonetik. Bern und München: Francke Verlag

von Essen 1962 (Otto): Allgemeine und Angewandte Phonetik. 3. Auflage. Berlin: Akademie Verlag

Fester 1962 (Richard): Sprache der Eiszeit. Die Archetypen der Vox Humana. Berlin Grunewald: F. A. Herbig Verlagsbuchhandlung

Fester 1973 (Richard): Die Eiszeit war ganz anders. Das Geheimnis der versunkenen Brücke nach Amerika. München: Piper und Co. Verlag

Forchhammer 1928 (Jürgen): Kurze Einführung in die Deutsche und Allgemeine Sprachlautlehre. Heidelberg: Carl Winter Verlag. Idg. Bibl. Abt. 2, Bd. 10. Sprachwissenschaftliche Gymnasialbibliothek Bd. 10

Foster 1964 (George E.): The Meteor Crater Story. Winslow (Arizona): Meteor Crater Enterprises

Goerttler 1973 (Kurt): Die Entwicklung des menschlichen Glottis als deszendenztheoretisches Problem. In: Schwidetzky 1973.30—36

Greenberg 1957 (Joseph): Essays in Linguistics. Chicago: The University of Chicago Press

Hajdú 1967 (Péter): Über den Umfang des uralischen Wortschatzes. Congressus Secundus Internationalis Fenno-Ugristarum. Pars I, Linguistica. Helsinki

Harnad 1976 (Stevan R.): Steklis, Horst D. und Lancester, Jane (ed.): Origins and Evolution of Language and Speech. Annals of the New York Academy of Sciences, Vol. 280. The New York Academy of Sciences, New York, N. Y.

Hewes 1971 (Winant Gordon): Language Origins: A Bibliography. Second revised and enlarged Edition. The Hague and Paris: Mouton

Hewes 1975 (Winant Gordon): Languae Origins: A Bibliography, Department of Anthropology. University of Colorado

Hockett 1973 (Charles F.): Der Ursprung der Sprache. In: Schwidetzky 1973. 135—150

Hoijer 1969 (Harry): The Origin of Language. In: Linguistics Today. (Edited by) Archibald A. Hill. New York-London: Basic Books Inc. Publisher

Illies 1970 (Joachim):   Die Affen und wir. Ein Vergleich zwischen Ver-
                                wandten. Reinbek bei Hamburg. Rowohlt (rororo
                                tele)

Illies 1971 (Joachim):   Zoologie des Menschen. Entwurf einer Anthropolo-
                                gie. München: Piper Verlag

Illies 1973 (Joachim):   Anthropologie des Tieres. Entwurf einer anderen
                                Zoologie. München: R. Piper and Co. Verlag

Irwin 1957 (O. C.):   Phonetical Description of Speech Development in
                                Childhood. In: L. Kaiser (Ed.): Manual of Pho-
                                netics. Amsterdam: North Holland Publishing
                                Company, pp. 403—425

Jakobson 1942 (Roman):   Kindersprache, Aphasie und allgemeine Lautgesetze.
                                Uppsala Universitets Årsskrift 1942:9.1—83

Jakobson 1951 (Roman):   Gunnar, C., M. Fant and Morris Halle: Prelimina-
                                ries to Speech Analysis. The Distinctive Features
                                and their Correlates. Cambridge, Mass. The M.I.T.
                                Press

Keith 1968 (Arthur):   A New Theory of Human Evolution. Gloucester,
                                Mass: Peter Smith

Kempelen 1791 (Wolfgang v.):   Mechanismus der menschlichen Sprache nebst der
                                Beschreibung seiner sprechenden Maschine. Mit
                                XXVIII Kupfertafeln. Wien: J. V. Degen

Kotten 1967 (Kurt):   Korrelationsverfahren in der akustischen Phonetik
                                (Diss. phil. Bonn)

Krahe 1958 (Hans):   Indogermanische Sprachwissenschaft. I. Berlin: Wal-
                                ter de Gruyter. Sammlung Göschen 59

Laziczius 1961 (Gyula):   Lehrbuch der Phonetik. Berlin: Akademie-Verlag.
                                Schriften zur Phonetik, Sprachwissenschaft und
                                Kommunikationsforschung Nr. 5

Lieberman 1972 (Philip):   The Speech of Primates. The Hague-Paris: Mouton.
                                Janua Linguarum, Series Minor 148

Lieberman 1975 (Philip):   On the Origins of Language. An Introduction to
                                the Evolution of Human Speech. The Macmillan
                                Series in Physical Anthropology. New York-Lon-
                                don: Macmillan Publishing Co.

Lindner 1969 (Gerhart):   Einführung in die experimentelle Phonetik. Berlin:
                                Akademie Verlag. Sammlung Akademie-Verlag 3:
                                Sprache

Marler 1973 (Peter): Kommunikation bei Primaten: In: Schwidetzky 1973.39—90

Maerth 1971 (Kiss Oscar): Der Anfang war das Ende. Der Mensch entstand durch Kannibalismus. Intelligenz ist eßbar. Düsseldorf-Wien: Econ Verlag

Muck 1976 (Otto H.): Alles über Atlantis. Düsseldorf: Econ Verlag

Negus 1949 (V. E.): The Comparative Anatomy and Phisiology of the Larynx. Cambridge: Hafner

von Neumann 1958 (John): The Computer and the Brain. New Hawen: Yale University Press (1958—1959)

Ondruš 1960 (Simon): Striedanie likvíd R/L v indoeurópskych jazykoch. Publicationes Instituti Philologicae Slavicae Universitatis Debreceniensis. Redigit. B. Sulán Nr. 1. Debrecen: Slavisches Institut

Portmann 1971 (Adolf): Der Mensch im Felde der Entwicklungstheorie. Meyers Enzyklopädisches Lexikon. Band 1 A—Alu. Mannheim-Wien-Zürich: Bibliographisches Institut, pp. 161—166

Portmann 1973 (Adolf): Biologie und Geist. Frankfurt am Main: Suhrkamp Taschenbuch Verlag

Portmann 1976 (Adolf): An den Grenzen des Wissens. Vom Beitrag der Biologie zu einem neuen Weltbild. Frankfurt am Main: Fischer Taschenbuch Verlag

Remane 1973 (Adolf): Storch, Volker und Welsch, Ulrich: Evolution. Tatsachen und Probleme der Abstammungslehre. München: Deutscher Taschenbuchverlag

Rosenkranz 1971 (Bernhard): Der Ursprung der Sprache. Ein linguistisch-anthropologischer Versuch. Heidelberg: Carl Winter Universitätsverlag

Sapir 1921 (Edward): Sprachwissenschaft. München: Max Hueber Verlag (1972)

Sebeok 1972 (Thomas): Perspectives in Zoosemiotics. The Hague-Paris: Mouton. Janua Linguarum, Series Minor 122

Schuchardt 1912 (Hugo): Geschichtlich verwandt oder elementar verwandt? Magyar Nyelvőr 44(1912).3—13

Schwidetzky 1962 (Ilse): (Ed.) Die neue Rassenkunde. Stuttgart: Gustav Fischer Verlag

Schwidetzky 1971 (Ilse):   Hauptprobleme der Anthropologie. Bevölkerungs-
                              biologie und Evolution des Menschen. Freiburg:
                              Verlag Rombach. Hochschul Paperback Band 30

Schwidetzky 1973 (Ilse):   (Ed.) Über die Evolution der Sprache. Anatomie,
                              Verhaltensforschung, Sprachwissenschaft, Anthro-
                              pologie. Frankfurt am Main: Fischer Verlag. Con-
                              ditio Humana. Ergebnisse aus den Wissenschaften
                              vom Menschen

Schwidetzky 1974 (Ilse):   (Ed.) Grundlagen der Rassensystematik. Mannheim-
                              Wien-Zürich: Bibliographisches Institut Wissen-
                              schaftsverlag

Serebrennikov 1973 (Boris A.): (Ed.) Allgemeine Sprachwissenschaft I. München:
                              Wilhelm Fink Verlag

Szemerényi 1970 (Oswald):   Einführung in die Vergleichende Sprachwissen-
                              schaft. Darmstadt: Wissenschaftliche Buchgesell-
                              schaft

Szemerényi 1971 (Oswald):   Richtungen der modernen Sprachwissenschaft. Teil I.:
                              Von Saussure bis Bloomfield 1916—1950. Heidel-
                              berg: Carl Winter Verlag

Szemerényi 1973 (Oswald):   La théorie des laryngales de Saussure à Kuryło-
                              wicz et à Benveniste. Essai de réévaluation. Bulletin
                              de la Société de Linguistique 68(1973).1—25

Trubetzkoy 1939 (N. S. Fürst): Grundzüge der Phonologie. 4. Auflage. Göttingen:
                              Van den Hoeck und Ruprecht

UAJb   Ural-Altaische Jahrbücher. Wiesbaden

Ungeheuer 1962 (Gerold):   Elemente einer akustischen Theorie der Vokalarti-
                              kulation. Berlin-Göttingen-Heidelberg: Springer
                              Verlag

Wescott 1974 (Roger W.):   (Ed.) Language Origins. Silver Spring, Maryland:
                              Linstok Press

Wind 1973 (J.):   Der Kehlkopf bei Spitzhörnchen, Rhesusaffe,
                              Schimpanse und Mensch. In: Schwidetzky 1973.17
                              —29

BIBLIOTHECA NOSTRATICA

Volumen 1:   Eurasia Nostratica. I-II.
              Festschrift für Karl Heinrich Menges. 1977.
              XIII + 216 + 257 pp. ISBN 3-447-01834/8.

Volumen 2:1   Gyula Décsy: Sprachherkunftsforschung.
              Band I: Einleitung und Phonogenese/Paläophonetik.
              1977. 88 pp. ISBN 3-447-01861-5.

              Otto Harrassowitz · Wiesbaden

Gyula Décsy

DIE LINGUISTISCHE STRUKTUR EUROPAS

1973. 300 pp. ISBN 3-447-01-4776

Aus der Fachkritik

A mine of reference-material
> Robert A. Hall, *Language*

Überall spürt man sorgfältige Detailforschung, an keiner Stelle werden
Banalitäten mitgeteilt
> Alfred Bammesberger, *Germanistik*

Essentially humanistic work
> Richard A. Wood, *Language Sciences*

The work ... is of high value to scholars in the fields of linguistics,
history, social science, psychology, and political science, and also to
persons active in politics or working for various government agencies,
and to educated general readers
> Nicholas Poppe, *Finnisch-Ugrische Forschungen*

Faszinierend interessante Lektüre, eine richtungsweisend umfassende,
allgemein verständliche Synthese der Sprachsoziologie. Komprimiert
gibt der Verf. einen Wissenstoff immensen Ausmaßes in klarer Anordnung sowohl im Theoretischen als auch in praktischer Anwendung ...
Ein häufig benutztes Handbuch, Ausgangspunkt weiterführender Forschungen.
> Béla Kálmán, *Magyar Nyelv*

Otto Harrassowitz · Wiesbaden